年报问询函、公司行为与公司价值

王　群　著

中国金融出版社

责任编辑：明淑娜

责任校对：李俊英

责任印制：陈晓川

图书在版编目（CIP）数据

年报问询函、公司行为与公司价值／王群著． -- 北京：中国金融
出版社，2024. 12． -- ISBN 978 - 7 - 5220 - 2676 - 3

Ⅰ. F831. 51；F270

中国国家版本馆 CIP 数据核字第 2024A02F30 号

年报问询函、公司行为与公司价值

NIANBAO WENXUNHAN GONGSI XINGWEI YU GONGSI JIAZHI

出版
发行　中国金融出版社

社址　北京市丰台区益泽路 2 号

市场开发部　(010)66024766，63805472，63439533（传真）

网 上 书 店　www. cfph. cn

　　　　　　(010)66024766，63372837（传真）

读者服务部　(010)66070833，62568380

邮编　100071

经销　新华书店

印刷　北京七彩京通数码快印有限公司

尺寸　169 毫米×239 毫米

印张　11

字数　145 千

版次　2024 年 12 月第 1 版

印次　2024 年 12 月第 1 次印刷

定价　48.00 元

ISBN 978 - 7 - 5220 - 2676 - 3

如出现印装错误本社负责调换　联系电话 (010) 63263947

目　　录

第1章 导 论

本章首先从问询函在实务界的发展现状、问询函对证券市场参与者的现实意义和问询函在理论界的研究现状三个层面总结了本书的研究背景。其次，对本书的主要研究对象进行了界定，并介绍了本书的研究内容。再次，基于以上三个主要研究问题，介绍了本书的研究结论，总结了本书的研究贡献。最后，基于全文的写作与呈现，构建了本书的研究框架，介绍了本书的结构安排。

1.1 研究背景

随着信息披露直通车业务的改革，问询函逐渐成为证券交易所实施证券监管的重要手段，研究问询函的监管效果，尤其是问询函对公司行为的影响十分必要。从制度背景来看，问询函这一监管方式是随着信息披露直通车改革发展起来的。为了促进上市公司树立市场化的运营理念，强化上市公司的信息披露责任，规范上市公司的信息披露行为以及保护投资者的合法权益，2011年深圳证券交易所发布了《深圳证券交易所上市公司信息披露直通车试点业务指引》，2013年上海证券交易所发布了《上海证券交易所上市公司信息披露直通车业务指引》，两份指引均提到了推广信息披露改革，推进信息披露直通车业务。根据指引的内容，信息披露直通车指上市公司按照指引和其他业务规则的规定，将应该对外披露的信息公告通过证券交易所直接提交给指定披露媒体，证券交易所再对其进行事后审核的信息披露方式。在信息披露直通车业务改革之前，每家上市公司的公告都由公司先发给证券交易所，由证券交易所审核完毕，再进行信息披露。在改革之后，上市公司的公告将直接在指定媒体披露，证券交易所再集中和整合监管资源，对上市公司披露的公告等进行事后重点监管。至此，我国的信息披露由"事前审核"转向"事后监管"。直通车式的信息披露一方面节约了上市公司的信息披露成本，最大限度地降低了对上市公司信息披露的事前干预，另一方面也有利于投资者更及时快捷地获取相关信息，更准确地作出投资决策。

信息披露直通车改革后，证券交易所不再对上市公司的信息披露进行"事前审核"，那么如何保证上市公司信息披露的质量？如何防范可能出现的风险和问题？为解决这一系列重要问题，证券交易所进一步强化事后监管，通过问询函的方式对上市公司的信息披露进行事后审核。问询函是证券交易所向上市公司发出的一种书面问询函件，是证券交易所进行一线监管的重要手段。当证券交易所对上市公司披露的财务报告、关联交易报告、并购重组报告、股东权益变动公告等定期报告和临时公告存在疑虑时，会向上市公司发出年报、半年报等财务报告类问询函，以及并购重组类问询函和关注函等不同类型的问询函件，并且要求上市公司在规定的期限内回函。在问询函件的所有类型中，年报问询函具有极其重要的意义。首先，相较于半年报、季报等其他的财务报告以及关联交易报告、并购重组报告等其他的重要事项报告，年度报告包含的信息更为广泛和全面，编制年度报告所耗费的人力、物力更多，且年度报告更为广泛地被关注和阅读；其次，相较于半年报问询函、季度问询函、并购重组问询函等其他类型的问询函件，年报问询函在所有类型的问询函件中占比较高，具有较高的代表性和典型性，年报问询函包括的话题范围更广、问题数量更多，因而内容更丰富，同时证券交易所在对年报进行审核并出具年报问询函以及上市公司在对年报问询函进行回复的过程中耗费的资源更多，使年报问询函具有尤其重要的作用。根据中国研究数据服务平台（CNRDS）数据库统计，本书制作了年报问询函数量的增长趋势图。图 1-1 显示，2015—2018年，沪、深两个证券交易所发出的年报问询函数量分别为 114 份、266 份、360 份和 463 份，收到年报问询函的上市公司数量占全部 A 股上市公司数量的比重分别为 4%、8%、10% 和 13%。随着年报问询函数量的增长，收到年报问询函的公司数量占全部 A 股上市公司数量的比重逐步提升，年报问询函逐渐成为证券交易所强化事后监管、优化信息披露和推动信息披露的决策有效性的重要手段，研究年报问询函对公司行为的监管效果是十分必要的。

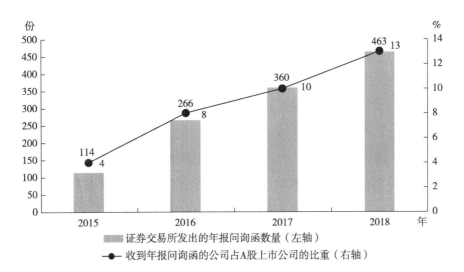

图 1-1　年报问询函的增长趋势

从现实意义来看，问询函对公司行为的监管过程和监管效果对于证券监管机构、上市公司和管理层、审计师和投资者等证券市场的参与者而言都是十分重要的，研究问询函的经济后果具有重要的现实意义。第一，对于证券监管机构来说，证券监管机构投入了大量的人力、物力资源来对上市公司的报告文件进行审核并出具问询函。以美国证券交易委员会（以下简称美国证监会）为例，根据美国证监会披露的审计报告数据，2005年，证监会公司财务部门80%的雇员都被安排从事审核上市公司的定期报告和重大事项报告并出具问询函这一工作，证监会全年14%的资金用于公司财务部门从事监管问询的支出。证券监管机构不计成本地对上市公司进行审核的目的在于监督上市公司的信息披露行为，提高信息披露的质量，保护投资者的合法权益。因此，理解问询函能否对公司行为起到监管效果，什么类型的问询函具有更强的监管效力，如何才能更好地发挥问询函的监管作用对证券监管机构进一步推行问询函制度、完善问询函式的监管措施以及提高问询函的监管效力具有重要的现实意义。此外，如何有效识别上市公司可能存在信息披露问题的关键点，集中资源优势，对上市公司报告文件进行重点审核和关键审核，在保证审核质量的同时提高审核的效率也是极其重要的问题。因此，对于证券监管机构而言，问询函对公司行为的监管效果研究是十分重要且必要的。

第二，对于上市公司和管理层来说，上市公司在编制财务报表、发布信息公告时投入了大量的资源。以美国资本市场的上市公司为例，根据美国证监会披露的数据，2012年上市公司用于编制年度报告的平均时间约为2000小时。其进行信息披露的目的在于让各类投资者和市场监管者了解公司的财务状况、经营成果和发展趋势，从而引导投资者作出正确的投资决策。当证券监管机构通过问询函的方式对上市公司的信息披露进行监管时，如何有效地应对证券监管，如何透过问询函提高自身信息披露的质量和引导投资者作出正确的投资决策对上市公司和管理层而言是十分重要的。问询函代表了证券监管机构对上市公司信息披露的疑问和看法，上市公司在收到问询函后需要及时作出回复，上市公司起草一份回复文件需要管理层、独立审计师、法律顾问和审计委员会等机构的共同合作，尤其需要管理层合理分配资源和关注度来对问询函进行有效的回复。问询函及其回函既能影响证券监管机构进一步的监管行为，也能影响投资者对上市公司的看法进而影响投资者的投资决策，识别并理解问询函的经济后果对于上市公司和管理层是十分重要且必要的。

第三，对于审计师而言，一方面，由于审计师需要对上市公司的财务报表进行审计，需要对财务报表质量发表审计意见，以及在上市公司回复问询函的过程中提供额外的补充事项审计并发表审计意见，若问询函揭示上市公司经审计后的财务报表仍存在较大缺陷和错报，这一问题对审计师而言便具有较大的负面影响。另一方面，由于证券监管机构对上市公司出具问询函和上市公司进行回复的过程既可能让好公司的信息披露更有效，也可能暴露差公司在财务报告和信息披露中的缺陷和短板，让问题公司的信息披露风险暴露得更充分，审计师也可以根据问询的过程和内容对上市公司的信息披露进行有针对性的调查和审计，调整审计策略，提高审计效率，降低审计成本，从而更好地实施审计，最终达到提高审计质量的目的。因此，对于审计师而言，问询函对公司行为的监管效果研究是非常重要且必要的。

第四，对于投资者而言，出于价值评估的考虑，投资者会关注问询函信息含量，往往在作出投资决策时将问询函视为信息来源，尤其是对短线投资者而言。相较于长线投资者，短线投资者有更强的动机识别与投资公司相关的信息并迅速作出投资决策。因此，投资者可以透过证券监管机构出具的问询函和上市公司的回函来了解和掌握更多的公司信息，这对于其作出正确的投资决策是极其重要的。

从研究现状来看，学术研究中将问询函作为财务报告质量（例如，Ertimur and Nondorf，2006；Gietzmann and Pettinicchio，2013；Hribar et al.，2014）、公司治理的有效性（例如，Ettredge et al.，2011；Robinson et al.，2011）和证券监管效力的证据。当前的财务会计领域虽然关注了问询函对公司经济活动和经济行为的影响，但并未得出一致的结论。例如，以美国证监会发出的问询函为研究对象，部分研究表明，监管问询的过程导致了大量的财务报告和信息披露的变更，会提高上市公司信息披露的质量，改变自愿性信息披露的种类，从而改善上市公司的信息环境和提高盈余质量。例如，Bozanic 等（2017）研究发现，问询函增强了公司的信息披露意愿，提高了公司的信息透明度，降低了公司的诉讼风险。也有研究表明，问询函并不会提高上市公司的盈余质量，且会降低投资者感知到的盈余质量。例如，Cunningham 等（2020）检验了证监会的问询函监管是否会影响公司盈余管理总量及方式。研究表明，公司在收到问询函后由应计盈余管理转向真实盈余管理，但是总盈余管理并没有较大的差异。Johnston 和 Petacchi（2017）研究表明，尽管问询的过程强化了公司的会计和信息披露，从而有可能提高公司的盈余质量，但市场仍然会对收到问询函的公司的财务报告的可信度保持怀疑。因为美国证监会会对所有向其提交财务报告的公司进行审核，但不是每一个公司最后都会收到证监会的问询函，所以在投资者看来，收到问询函意味着某种程度上公司的信息披露有欠缺或者值得被怀疑。

由于我国问询函式的监管发展年限相对较短，相应的研究开展的时间较晚，结合年报问询函包含的信息内容来看，其经济后果领域仍存在许多值得研究的主题。以我国资本市场为背景，现有的研究从公司财务、公司治理和审计的视角考察公司收到问询函和对问询函进行回复时的市场反应（陈运森等，2018a）、问询函对股价崩盘风险（张俊生等，2018）、业绩预告质量（李晓溪等，2019a）、财务报告质量（陈运森等，2019）、并购绩效（李晓溪等，2019b）、审计质量（陈运森等，2018b）、审计费用（陈硕等，2018）等因素的影响。尚未有文献从微观公司层面考察年报问询函对现金持有行为和在职消费行为的影响，也没有文献从宏观资本市场层面考察年报问询函对资本市场信息效率的影响。基于此，本书选取超额现金持有、超额在职消费和股价同步性的视角考察年报问询函的经济后果，并进一步探讨年报问询函对公司价值的影响。

1.2　研究内容

1.2.1　概念界定

首先，关于问询函的界定问题，研究文献和证券实务都给出了相应的参考。研究文献方面，以发达资本市场为背景，Ertimur 和 Nondorf（2006）将问询函定义为证监会工作人员和在证监会注册备案的上市公司之间针对需要审核的文件所做的沟通交流。文章指出，问询函代表了一个过程，这个过程包括美国证监会对上市公司提交的年报、季度报告等财务报告和并购重组等重大事项报告等进行审核，对报告中存疑的事项发出问询，然后由上市公司对这些问题进行回复，直到问询函件中提到的所有问题都已解决，并最终打消证监会对上市公司信息披露的顾虑，由证监会向上市公司出具没有意见的函件，这个过程才终止。以我国资本市场为背景，张俊生等（2018）指出问询函的主要目的是请上市公司补充、核实相关信息，履行信息披露义务，是一种日常的提醒手段。陈运森等（2019）将问询函定义为一种非处罚性监管方式。

证券实务方面，以美国资本市场为例，自 1934 年美国证监会成立以来，就开始有选择性地审核所有公众公司的年度报告、季度报告等定期报告和首次公开发行、并购重组等重大事项说明文件，证监会对于那些会计问题和信息披露不明确的、存在疑问的，便通过问询函的方式要求上市公司进行解释说明或者调整来提高信息披露的合规性。2002 年《萨班斯—奥克斯法案》（Sarbanes - Oxley Act）（以下简称《萨班斯法案》）第 408 号条款将这一审核提升到了法律层面。该法案强制要求证监会至少每三年对上市公司的财务报表等文件审核一次，其中必须包括财务年报。根据美国证监会的报告，从证监会的视角来看，问询函本质上是证监会和上市公司之间关于信息披露的一场对话。这场对话的内容主要包括：首先，由证监会对上市公司的信息披露文件进行审核，在对公司的报告进行审核后，证监会针对信息披露不合规及存疑的事项提出问题，并以书面的形式向上市公司发出问询函。其中，证监会出具的问询函一般包括以下要求：（1）要求上市公司提供补充信息，帮助证监会和投资者更好地判定公司的信息披露质量；（2）要求上市公司在未来的信息披露报告中进行调整；（3）要求上市公司对正在被审核的报告进行调整。然后，由上市公司对证监会提出的问题在指定的期限内回复。最后，当证监会对公司的回复满意时，会通过出具没有意见的函件来结束这场对话，而当证监会对公司的回复不满意时，会再次发出问询，直至所有问题都得到满意的答复。问询函制度通过让证监会对上市公司的财务报表等重要文件披露表达疑惑和意见以及让上市公司对证监会的问题进行回复，给投资者提供了充分接触专业人士对上市公司的报表审核的过程和结论的机会。

以我国资本市场为例，目前，我国证券交易所开展的证券监管措施主要包括：问询函、监管函和纪律处分。其中问询函和监管函都是由证券交易所发出的监管类函件，二者的区别在于：问询函的主要目的在于要求上市公司补充、核实相关信息，履行信息披露义务，主要内容涉及公司业绩、公司经营、治理结构等，内容范围更广，问题数量更多，信息量更大；监管函的主要目的在于提醒上市公司的行为违反了股票上市规则、创业板股票上市规则等具体法规条文，主要内容聚焦于上市公司的违规事项，涉及的范围更小，问题数量更少，信息量更小。证券交易所在进行市场监管时，会审核上市公司发出的各类文件和公告，针对文件、公告中信息不充分、不确定的事项向上市公司发出问询函，对上市公司表示关注；针对文件、公告中的违规事项向上市公司发出监管函，对上市公司表示提醒警告。以当代东方（股票代码：000673）为例，证券交易所在 2019 年 6 月针对上市公司的年报发出了问询函，重点询问了上市公司的持续经营、控制权等存在信息不确定的事项，在 2019 年 9 月针对上市公司的控股股东股票减持公告发出了监管函，公示了上市公司的信息披露违规行为。

本书旨在考察证券交易所如何通过向上市公司发问，让好公司的信息披露更有效，让问题公司的风险暴露得更充分，而不是证券交易所公示上市公司的违规事项，因此，本书的研究对象确定为证券交易所向上市公司的年报发出的问询函。上海证券交易所和深圳证券交易所官网均开设了"监管信息公开"专栏，并分别下设"监管问询"子栏目和"问询函件"子栏目用以披露证券交易所向上市公司发出的问询函件。进一步地，由于年报问询函包含的信息更为广泛和全面，受到的关注程度更高，且证券监管机构在对年报进行审核并出具年报问询函以及上市公司在对年报问询函进行回复的过程中付出的精力更多，耗费的资源更多，本书将年报问询函作为研究对象更具有重要意义和必要性。

1.2.2　研究问题

基于以上研究背景，本书系统地考察了年报问询函的经济后果。具体而言，本书首先从公司内部财务行为层面考察了年报问询函对公司的现金持有行为、在职消费行为的治理作用，其次从公司外部股票市场层面考察了年报问询函对股价同步性的治理作用，最后基于年报问询函对公司行为的影响考察了年报问询函对公司价值的影响。具体研究问题如下。

研究问题一：年报问询函对公司超额现金持有行为的影响。现金持有是公司重要的财务决策，是股东和管理层代理问题的集中体现。合理的现金持有水平有助于维持公司的正常经营和规避风险，超额的现金持有则会产生较高的机会成本，诱发管理层的超额在职消费、过度投资等机会主义行为。研究表明，公司超额持有现金的动机与公司的信息不对称程度、公司治理和代理问题直接相关。鉴于年报问询函监管本质上是信息披露的监管，公司超额现金持有的动机又与信息披露直接相关，因此，首先从现金持有的角度考察年报问询函对超额现金持有的治理作用。

研究问题二：年报问询函对公司超额在职消费行为的影响。研究问题一从委托代理和信息不对称的框架下考察了年报问询函对现金持有行为的监管效果，研究问题二在研究问题一的基础上，进一步思考年报问询函对现金使用行为的影响。在职消费是公司管理层在履职过程中产生的各种职务性消费。在职消费没有明确的契约规定，具有较大的监管难度和监管成本，是管理层代理问题的表现，因而较为重要。鉴于超额在职消费是委托代理和信息不对称的产物，是年报问询函监管落实到公司层面的直接结果，研究问题二从现金使用的视角考察年报问询函对超额在职消费的治理作用。

研究问题三：年报问询函对股价同步性的影响。研究问题一和研究问题二从公司内部现金持有和使用的角度考察了年报问询函的监管效果，研究问题三进一步思考这种监管方式对公司外部股票市场的影响。股价同步性指公司股票价格的变动与市场变动之间的关联性，体现了股票价格对信息的反应方式和反应程度，文献中常用以衡量资本市场的信息效率。股票市场是信息的市场，信息引导股票价格的变动，并进而引导股票市场的资源配置。鉴于年报问询函是对公司信息的监管，研究问题三选取资本市场信息效率的视角考察年报问询函对股价同步性的治理作用。

研究问题四：年报问询函对公司价值的影响。公司价值是衡量公司在资本市场中的地位和发展潜力的重要指标，受到内部治理水平、信息披露质量等多种因素的影响。年报问询函作为一种非行政处罚性监管工具，通过影响公司行为，进而影响公司价值，因此研究问题四选取公司价值的视角考察年报问询函对公司价值的影响。

1.3　研究结论

本书基于以上研究问题，得出以下研究结论。

首先，本书通过考察年报问询函对超额现金持有行为的影响，研究发现，年报问询函可以降低超额现金持有。进一步研究发现，年报问询函对超额现金持有的降低作用在管理层权力较小的公司和市场化程度较高的地区更为显著；并且当年报问询函中包含的问题数量越多、年报问询函需要中介机构发表核查意见时，年报问询函对超额现金持有的降低效果越明显。作用机制表明，年报问询函通过提高信息披露数量、质量和吸引媒体关注这两种方式来降低超额现金持有。

其次，本书研究了年报问询函对超额在职消费的影响。研究发现年报问询函显著降低超额在职消费。经过一系列稳健性检验后，结论依然成立。进一步研究发现，年报问询函对超额在职消费的降低作用在内部控制质量较好的企业和非国有企业中更为显著；当年报问询函中包含的问题数量越多、年报问询函需要中介机构发表核查意见时，年报问询函对超额在职消费的降低效果越明显。最后，作用机制表明，年报问询函通过缓解信息不对称的方式来降低超额在职消费。

再次，本书研究了年报问询函对股价同步性的影响。研究发现年报问询函可以降低股价同步性。经过稳健性测试后，结论依然保持。进一步研究发现，当年报问询函中包含的问题个数越多、年报问询函需要中介机构发表核查意见时，年报问询函对股价同步性的降低效果越明显。最后，作用机制表明，年报问询函通过缓解信息不对称来降低股价同步性。

最后，本书研究了年报问询函对公司价值的影响，发现年报问询函对于公司价值具有显著的正面影响，进一步推动了公司价值最大化的实现。

尽管年报问询函可能在短期内传递负面信号，导致股价波动，但从长期来看，年报问询函通过改善信息透明度、降低信息不对称，有助于提高公司的市场价值。

1.4　研究贡献

本书的研究贡献主要体现在以下几个方面。

第一，拓展了年报问询函的经济后果研究。现有的研究考察了年报问询函对业绩预告（李晓溪等，2019a）、高管变更（邓祎璐等，2020）、公司避税（Kubick et al.，2016）、财务报告质量（陈运森等，2019）、股价崩盘风险（张俊生等，2018）、IPO 价格（Li and Liu，2017）、审计质量（陈运森等，2018b）等因素的影响，尚未有研究从公司微观层面考察年报问询函对现金持有行为、在职消费行为的影响，也没有研究从宏观层面关注年报问询函监管对资本市场信息效率的影响。本书的研究从这两个方面补充了年报问询函的经济后果研究。

第二，丰富了超额现金持有的影响因素研究。现金持有是公司内部重要的财务决策行为，已有的研究从政策层面考察了员工保护法和失业保险（Devos and Rahman，2018；Karpuz et al.，2020）、经济政策不确定性（Duong et al.，2020；余靖雯等，2019），从公司治理层面考察了股权结构（Harford et al.，2008；李常青等，2018；杨兴全和尹兴强，2018）、董事会（Chen R R et al.，2020）、内部控制（Chen H W et al.，2020；张会丽和吴有红，2014）等因素，从管理层层面考察了实际控制人的外国居留权（Hou and Liu，2020）、高管的教育背景（Mun et al.，2020）、管理层权力（杨兴全等，2014）、管理层过度自信（Chen Y R et al.，2020；郑培培和陈少华，2018）等管理层个人特征和行为对公司现金持有的影响，尚未有研究考察证券交易所的信息披露监管对公司现金持有行为的影响。本书的研究从政策监管层面丰富了现金持有的影响因素研究。

第三，补充了超额在职消费的影响因素研究。在职消费具有较大的监管难度而且容易诱发管理层的机会主义行为，因而具有较高的重要性。已有的研究虽然也关注信息不对称和监督机制对超额在职消费的影响，但这些研究主要关注薪酬管制（陈冬华等，2005）和在职消费监管（郝颖等，2018）两类监管政策以及内部控制（牟韶红等，2016）、媒体监督（翟胜宝等，2015；耿云江和王明晓，2016；薛健等，2017）、机构投资者（李艳丽等，2012）、政府审计（褚剑和方军雄，2016）等内外部监督机制，尚未有研究考察证券交易所的年报问询函监管对超额消费的影响。本书的研究从政策监管层面丰富了超额在职消费的影响因素。

第四，丰富了股价同步性的影响因素研究。股价同步性体现了股票价格对信息的反应方式和反应程度，文献中常用以衡量资本市场的信息效率。现有的文献主要从信息本身和信息传递的视角考察了会计信息可比性（袁媛等，2019）、独立董事行业专长（张斌和王跃堂，2014）、信息中介（朱红军等，2007；黄俊和郭照蕊，2014；伊志宏等，2018）、产业政策（陈冬华和姚振晔，2018）、金融开放（钟覃琳和陆正飞，2018）等视角考察了股价同步性的影响因素，关注证券监管对股价同步性的影响的研究较少，本书的研究从这一方面丰富了股价同步性的影响因素。

第五，具有较好的实践意义，为进一步推进年报问询函监管这一监管方式，强化年报问询函监管的严厉程度提供了经验证据。本书的研究结论表明年报问询函能够降低公司的代理成本，减少公司的超额现金持有和超额在职消费，提升资本市场的信息效率，降低资本市场的股价同步性，以及提升公司价值。本书的研究结论为证券交易所进一步推行年报问询函这一监管方式提供了证据支持。另外，本书的研究发现，年报问询函的严重程度影响监管问询的效果。当年报问询函包含的问题数量越多、需要审计师发表审计意见时，年报问询函降低超额现金持有、超额在职消费和股价同步性的幅度越大，表明证券交易所应进一步严格监管，提升年报问询函的监管效力。

本书共包括8章，具体安排如下。

第1章为导论。导论首先从问询函在实务界的发展现状，问询函对证券市场参与者的现实意义和问询函在理论界的研究现状三个层面介绍本书的研究背景。其次，对主要研究对象进行了界定，并介绍了本书的研究内容。然后，基于以上主要研究问题，介绍了本书的研究结论，总结了本书的研究贡献。最后，基于全书的写作与呈现，构建了本书研究框架，介绍了本书结构安排。

第2章为制度背景与理论基础。这一章节梳理了制度背景，总结了理论基础。在制度背景部分，首先梳理了问询函在美国资本市场的发展，将其按照时间顺序和发展特征划分为初步形成、快速发展和成熟三个阶段，总结了每个阶段问询函制度的发展特点。其次梳理了问询函在我国资本市场的发展，从问询函的发出主体、问询函问询的对象、问询函的数量、年报问询审核的重点、年报问询函包括的具体问题和年报问询审核的其他配套监管措施六个方面总结了我国问询函的制度背景。理论基础部分主要涉及委托代理理论和信息不对称理论。首先从委托代理理论的产生与发展、含义、应用三个方面阐述了委托代理理论，然后从信息不对称的含义、类型、产生的原因三个方面阐述了信息不对称理论。

第3章为文献综述。这一章节详细整理和归纳了问询函的经济后果研究的相关文献，并将这些文献根据研究内容进一步细分为公司财务、公司治理和审计三个方面。其中，公司财务研究主要从市场反应、股价崩盘风险、公司避税、会计准则问题和首次公开发行证券（以下简称IPO）问题五个方面展开，公司治理研究主要从信息披露、财务报告质量、内部交易者行为、高管行为、机构投资者行为和债权人行为六个方面展开，审计研究主要从审计师行为决策、审计质量和费用、内部控制审计三个方面展开。最后，基于对以上文献的讨论进行分析和评述。

第 4 章为年报问询函与超额现金持有。本章考察了年报问询函对公司内部现金持有行为的影响。选取超额现金持有作为公司现金持有行为的代理变量，实证检验了年报问询函对公司超额现金持有的治理作用和作用机制。在此基础上，从公司内部信息环境的视角选取管理层权力变量，从公司外部制度环境的视角选取市场化程度变量考察这两个方面的因素对年报问询函对超额现金持有之间关系的调节作用。进一步地，从年报问询函包含的问题个数和是否要求"四大"会计师事务所进行鉴证两个层面考察年报问询函特征对超额现金持有的治理效果差异。

第 5 章为年报问询函与超额在职消费。本章考察了年报问询函对公司内部资金使用行为的影响。选取超额在职消费作为资金使用效率的代理变量，研究了年报问询函对超额在职消费的监管效果。选取内部控制质量和产权性质作为调节变量考察内部控制和产权性质对年报问询函与超额在职消费之间关系的调节作用。进一步地，从问题个数和是否鉴证两个层面考察年报问询函特征对超额在职消费的影响。

第 6 章为年报问询函与股价同步性。本章考察了年报问询函对公司外部股票市场的影响。选取股价同步性作为股票市场信息效率的指标，研究了年报问询函对股价同步性的治理作用。进一步地，从问题个数和是否鉴证两个层面考察年报问询函特征的影响。最后，从年报问询函降低信息不对称的两种方式角度来考察年报问询函对股价同步性的作用机制。

第 7 章为年报问询函与公司价值。本章从年报问询函的视角出发，深入探讨了年报问询函对公司价值的影响及机制，考察了年报问询函通过缓解信息不对称影响公司行为，从而提高公司价值的具体路径。研究表明，年报问询函显著提升公司价值。

　　第 8 章为结论。本章首先根据本书的研究内容系统性地总结了本书的研究结论。其次，根据研究结论提出了相关的研究启示和建议。最后，参考本书在研究中遇到的各种问题，结合现有的研究文献总结了本书的研究局限，并展望未来的研究方向。

第 2 章　制度背景与理论基础

本章详细阐述了制度背景和理论基础。首先，从问询函在美国资本市场的发展、问询函在我国资本市场的发展两个方面深度解析了问询函这一制度的由来、发展以及在不同资本市场的作用效果。其次，从委托代理理论和信息不对称理论两个方面总结了本书的研究所依托的理论，为后文的实证研究奠定了理论基础。

2.1　制度背景

2.1.1　问询函在美国资本市场的发展

问询函这一制度首先在发达资本市场发展起来的。以美国为例，以《1933 证券法案》（*Securities Act of 1933*）和《1934 证券交易法案》（*Securities Exchange Act of 1934*）的颁布作为政府开始对证券市场进行监管的重要标志，美国证监会自 1934 年成立以来，便开始有选择性地对上市公司的报告文件进行审核，对于那些存在会计问题和信息披露不明确的、存在疑问的上市公司，证监会会通过问询函的方式要求其进行解释说明或者通过调整来使那些存在疑问的地方更合规。以 2002 年《萨班斯法案》的颁布和 2005 年问询函数据的公开为时间节点，美国资本市场的问询函制度经历了初步形成阶段、快速发展阶段和成熟阶段三个阶段。

首先，在初步形成阶段，问询函经历了从无到有的过程。

问询函是为了保护投资者的合法权益、服务和促进美国证券市场的快速发展需要而发展起来的，这一监管方式具有悠久的历史。美国在1929年经历了经济大萧条后，政府开始介入证券市场，并对其进行监管。1933年国会召开听证会通过了《1933证券法案》（*Securities Act of 1933*），为了依据该法律有力地监管证券市场并保护投资者的利益，国会于第二年组建成立了美国证监会，并于当年颁布了《1934证券交易法案》（*Securities Exchange Act of 1934*）。以上两部证券监管法律以保护投资者为基本出发点，要求证监会对IPO公司的证券登记文件（S-1）、上市公司提交的年度报告（10-K）和季度报告（10-Q）等财务报告、上市公司的并购重组和关联交易等重大事项报告（8-K）进行监管审核，提出审核意见并以书面的形式反馈给上市公司。根据证监会的报告内容，证监会试图通过问询函的方式实现的目的主要包括：（1）识别潜在的会计、审计、财务报告等信息披露缺陷，判定这些缺陷是否源于公认会计准则、会计规则或者证监会的会计政策产生的偏差，提高上市公司的信息披露质量；（2）通过问询函的形式与上市公司进行沟通，对上市公司在执行会计准则和政策中出现的问题提供引导和咨询；（3）通过问询函的形式了解和掌握公司的会计活动和信息披露问题，为会计准则的制定提供建议；（4）催生新的信息披露规则或者调整原有不恰当的信息披露规则。

美国证监会（SEC）包括执行部门（Division of Enforcement，DOE）、公司财务部门（Division of Corporate Finance，DCF）和联系协调执行部门与公司财务部门的执法联络部（Office of Enforcement Liaison，OEL）等诸多部门。其中，执行部门主要致力于公司的违法、违规行为，例如，违反了《1933证券法案》和《1934证券交易法案》的规定，没有按照要求披露与美国公认会计准则一致的财务报表等。公司财务部门主要负责通过财务报告和定期报告的审核来监督公司的信息披露，包括向上市公司解释说明信息披露规则，给上市公司提供信息披露帮助，以及对上市公司的财务报表进行审核、监督等，从而使上市公司财务报表和信息披露更加符合证监会的规定。1988 年，审核上市公司的报告文件成为证监会公司财务部门的固定工作。证监会公司财务部门将这一审核过程描述为"与上市公司展开的关于信息披露的对话"，问询函制度的具体执行由其负责。

证监会在具体的审核过程中，会针对上市公司提交的文件设置优先顺序，首先要求所有首次公开发行股票的公司的发行文件都必须经过审核问询。其次针对其他类型的文件，例如年度报告、并购重组报告等文件，则有选择性地审核问询。证监会在对上市公司的报告文件进行审核之前并不会事先告知上市公司，因而上市公司只有收到问询函件的时候才会意识到正在被证监会审核问询。具体审核流程包括初审、详细审核和最终复核三个阶段。首先，每一份被选中用来审核的报告文件会被出具一份初审报告，该报告指出需要上市公司说明和调整的部分。然后，这一初审报告及被审核文件会被分配至某一种特定类型的详细审核，其中详细审核的类型主要包括财务审核、完全审核和有针对性的目标审核三种。财务审核主要对公司的财务报表和附注、管理层讨论分析等内容进行审核。完全审核的范围既包含了公司的财务报表及附注、管理层讨论分析等内容，也包括与公司经营和法律相关的信息。有针对性的目标审核主要对公司特定的问题进行审核，例如公司的衍生金融工具、商誉等。在第二阶段详细审核之后，证监会的工作人员会编制一份报告来详细说明被审核报告文件中潜在的会计和信息披露问题。最后，由证监会公司财务部的助理董事、副董事等更高级别的职员复核第二阶段的审核结果，以保持审核结果的一致性，并经过调整适当后以问询函的形式出具给目标公司。虽然问询函有一个既定的审核程序，但不同的公司在被证监会问询和对问询进行回复时经历的往来次数是不一样的，当公司的回复没有达到证监会的要求时，同一份财务报告可能会被多次问询。此外，证监会的公司财务部门对上市公司的审核问询在涉及的问题个数和证监会工作人员职级的高低等方面也存在差异。有些问询只涉及一个问题，例如财务报表的列报，有些问询则涉及多个问题，例如收入的确认、商誉的减值等。有些问询主要由中级职员完成，而有些问询则涉及部门负责人、部门助理董事等较高级的职员。

针对问询函审核的结果，当证监会公司财务部门的工作人员发现公司可以改进信息披露以及增强基于信息披露准则要求的合规性的相关事项时，证监会会向公司出具问询函。公司一旦收到问询函，必须在 10 个交易日内进行回复。在这一过程中，证监会会要求公司提供额外的信息，对以前披露的报表进行重述，或者在以后的信息披露中作出更改。一种可能是，公司在收到问询函，经过与证监会交流后，证监会提出的所有问题都得到满意的答复和解决，此时并不需要公司作出调整或改变；也有另外一种可能是，公司在收到问询函之后，经过与证监会交流后，仍不能完全打消证监会对公司财务报告的顾虑，此时需要公司提交一个修正的说明以澄清之前的财务报告或者同意调整以后的财务报表；还存在一种可能是，证监会提出的问题没有得到满意的答复和解决，公司没有打消证监会对公司财务报表的顾虑，且这一顾虑性质较为严重，此时可能需要公司对以前的财务报表进行重述。此外，在某些案例中，证监会公司财务部门在对上市公司进行问询之后，怀疑上市公司可能已经涉及违反证券法律、法规，可能会将涉嫌违规的公司移交给证监会下属负责处理公司违规行为的执行部门。因为公司一般都会对问询函进行回复，接受证监会的建议，所以移交给执行部门的案例并不常见。同时，为了更好地促进证监会和上市公司之间的沟通，更好地实现监管问询的目的，当公司不同意证监会出具的问询意见时，证监会鼓励被问询的公司在整个问询过程的任何时间节点通过提供补充信息披露的方式，帮助监管人员更好地理解公司披露的信息，或者请求证监会更高级别的职员如部门负责人重新考虑提出的问题。

其次，在快速发展阶段，证监会对上市公司报告文件的审核日趋规范，问询函的数量快速增长。

2002 年《萨班斯法案》的颁布加速了问询函的发展。在该法案出台之前，证监会每年会审核 20% 的上市公司的定期报告、重大事项报告等文件。而在该法案出台之后，证监会必须至少每三年对上市公司的年度报告等定期报告、重大事项报告等文件进行一次审核问询，而且其中必须包括对上市公司年度报告的审核。至此，对上市公司的审核问询成为强制工作，且在实际执行层面，证监会对上市公司审核的频率更高。此后，问询函的数量不断攀升，尤其是针对定期报告的问询函。根据美国证监会的数据，2004—2012 年，大约 2/3 的问询函为针对定期报告的问询函，年报问询函占据了所有定期报告数量的 77%。

在 2002 年《萨班斯法案》颁布之后，为了应对快速增长的审核要求，证监会的组织架构和制度建设日趋完善，员工人数和组织规模迅速增长，尤其是具有年报审核能力的会计专业人士数量迅速增长。尽管定期报告中除了年报之外，半年报、季报和其他报告也会被定期审核，但在所有的定期报告中，年报具有尤其重要的意义，因为编制年报耗费了更多的人力、物力，年报提供了更为全面、综合的财务信息。在这一阶段，负责审核工作的公司财务部门组织结构日趋完善，证监会将其划分为 12 个办公室，每个办公室均按照上市公司的行业来划分和组织，在开展审核工作时，每个办公室负责各自所属的行业，共涵盖健康医疗和保险业、消费品、信息技术和服务业、自然资源、运输和休闲、制造业和建筑业、第一大类金融服务业、房地产和商品业、饮料服装和采矿业、电子和机械行业、电信和第二大类金融服务业 12 个不同行业。在组织架构上，每个办公室配备 1 名助理董事来领导和统筹各个办公室的审核工作，每个办公室拥有相同的组织结构，均由 1 名高级助理主任会计师、1 名法律科长、2 名会计科长和

25～35名专家组成，其中专家主要是会计师和律师。在整个办公室内部，由副董事审核和监督每个办公室的工作，并由公司财务部门的副主任及以上级别的职员统筹整个审核问询过程。2005年美国证监会的审计报告指出，2005年证监会公司财务部门共有515名雇员，其中80%的雇员都被分配了审核上市公司的财务报告这一工作，证监会全年的总成本支出为8.88亿美元，其中有1.25亿美元用于公司财务部门审核上市公司的财务报告工作，占证监会全年支出的14%。在后《萨班斯法案》年代，证监会接受了大量来自国会的财政支持，一方面使证监会可以投入更多的资源去审核上市公司的报表，提高证监会工作人员的技能和专业素养；另一方面，整体的治理环境对于证监会而言变得更加有利，使证监会相较于以前可以采用更为激进的态度去处理监管问询的问题。

在这一阶段，证监会将审核资源集中在与会计准则相冲突的信息披露和潜在的重大缺陷的问题上，问询函涉及的问题更多地集中在会计应用、财务报告和信息披露。Johnston和Petacchi（2017）采用内容分析法，选取2004—2006年被证监会问询的2256家公司和6057份问询函数据中的财务年报、季报数据作为考察对象，研究发现几乎50%以上的问询函是关于会计应用、财务报告和信息披露。超过17%的样本案例中，证监会通过问询函与上市公司交流，要求对财务报表或附注进行说明和调整，其中，50%的调整涉及对财务报表或附注的调整，40%的调整涉及文字编辑或者法律技术问题，例如审计报告缺少日期和事务所的位置信息等。

最后，在成熟阶段，问询函的内容得以公开，问询函及其回函的公开进一步促进了证监会和上市公司之间的沟通交流。

问询函数量的不断上升和对问询函数据的需求增加推动了问询函的公开进程。在这一阶段问询函的数量进一步增长，问询函涉及的公司范围逐渐扩大，根据Heese（2017）的研究，以美国资本市场为背景，2005—2012年，每一年有20%～40%的上市公司会收到证监会的问询函。以

2012 年为例，证监会审核了 4380 家公司，占全部公司的比重为 48%，发布了 3566 份年报问询函。关于问询函数据的获取，在旧的信息披露制度下，基于 1966 年首次颁布并经过不断修正的《信息自由法案》（*Freedom of Information Act*），社会公众在向证监会书面请求后，可以免费获取问询函的数据资料。然而，随着证监会发出的问询函数量和公司回函数量的逐渐增多，部分大数据收集公司通过该法案获取问询函数据资料后将其有偿出售给数据使用者，这一行为违反了数据公平原则，这一趋势引起了证监会的关注。投资者对问询函兴趣和重视程度的加深在一定程度上推动了证监会公开监管问询函件，这也说明了问询函具有一定的信息价值。2004 年 6 月 24 日，美国证监会（SEC）宣布将通过专门的信息披露系统（EDGAR 系统）免费公开在 2004 年 8 月 1 日以后所有发出的问询函件和公司回复数据。2005 年 5 月 12 日，证监会要求所有经过问询的公司文件都必须在监管问询及回复工作完成后的 45 个日历日以后在 EDGAR 系统公布。2012 年 1 月 1 日之后，问询函上传到指定文件系统的时间变更为监管问询及回复工作完成后的 20 个交易日。

2.1.2　问询函在我国资本市场的发展

区别于美国资本市场的问询函，我国的问询函制度是随着信息披露直通车改革逐步发展起来的。根据上海和深圳证券交易所发布的上市公司信息披露直通车业务指引，信息披露直通车指上市公司按照规定，通过证券交易所技术平台将应该对外披露的信息公告直接提交给指定披露媒体，由证券交易所进行事后审核的信息披露方式。在 2013 年沪、深证券交易所完成信息披露直通车改革之前，每个上市公司的公告都由公司发给证券交易所审核完毕，再进行信息披露。在改革后的信息披露方式下，上市公司的信息不再需要证券交易所事前审核，而是直接披露给指定媒体，由证券交易所进行事后审核。这一制度的实施开启了上市公司自主信息披露的先河，允许公司自行通过信息披露系统登记和披露指定范围内的公告，并对公告负责。为了保障直通车式的信息披露的质量，监管层不断鼓励创新监管方式，交易所开始大量使用问询函式的监管。在信息披露直通车改革之前，问询函虽然也存在，但数量极少，以财务报告问询函为例，根据陈运森等（2019）的研究，证券交易所仅在 2007 年、2008 年、2011 年和 2012 年各发出了一次问询函，但在 2013 年沪、深证券交易所完成信息披露直通车改革以后，问询函数量急剧上升。根据本书的数据，2015—2018 年证券交易所共发出了 1203 份年报问询函，且证券交易所开始要求上市公司公开披露问询函和回函。

相较于美国证监会发出的问询函，我国的问询函主要由证券交易所发出。以年报问询函为例，根据李晓溪等（2019a）的研究，在 2015—2018 年，我国证监会地方监管局共发出 20 份年报问询函，2015 年、2016 年、2017 年、2018 年收到地方监管局年报问询函的公司分别为 8 家、9 家、2 家、1 家。相比较而言，根据本书的研究数据，2015—2018 年我国证券交易所共发出了 1203 份年报问询函，2015 年、2016 年、2017 年、2018 年收到证券交易所问询函的公司分别为 108 家、253 家、339 家、434 家。区别于发达资本市场，我国资本市场上证券交易所不仅是法定的证券交易场所，也是法定的监管机构。《中华人民共和国证券法》（以下简称《证券法》）第三章规范了证券交易行为，规定了证券交易所在证券上市、退市过程中的监管职责，赋予了交易所最终决定权。

证券交易所对上市公司报告、文件及公告审核问询的范围主要包括：年报、半年报、季报等定期报告和并购重组、关联交易等重大事项报告以及股票异常波动、媒体报道等引起证券交易所关注的异常事项。上海证券交易所和深圳证券交易所均开设了"监管信息公开"专栏，并分别下设"监管问询"子栏目和"问询函件"子栏目用以披露证券交易所向上市公司发出的问询函件。根据证券交易所官网披露的问询函件信息，2015—

2018 年，证券交易所累计发出了 5228 份问询函件，具体包括针对半年报的半年报问询函，针对并购重组的并购重组审核意见函等类别。证券交易所公开披露的所有的问询函件类别及数量原始数据如表 2 - 1 所示。

表 2 - 1　证券交易所发出的问询函数量表（原始数据表）

类别	个数（个）	比例（%）
半年报问询函	100	1.91
并购重组审核意见函	297	5.68
第三季报审查问询函	1	0.02
定期报告事后审核意见函	287	5.49
非许可类重组问询函	276	5.28
公司部函	1	0.02
关注函	1754	33.55
关注函（会计师事务所模板）	7	0.13
监管工作函	1	0.02
监管函（会计师事务所模板）	3	0.06
年报审核问询函	80	1.53
年报问询函	836	15.99
问询函	551	10.54
许可类重组问询函	795	15.21
重大资产重组预案审核意见函	239	4.57
合计	5228	100

在表 2 - 1 的基础上，按照问询函件的内容，进一步将问询函划分为三类：财务报告问询函、并购重组问询函和其他类问询函。其中，财务报告问询函是证券交易所在审核上市公司的财务报告时，针对财务报告中不清楚的、不确定的事项发出的问询函，具体包括上表中的半年报问询函、第三季报审查问询函、定期报告事后审核意见函和年报问询函。并购重组问询函是证券交易所在审核上市公司的并购重组预案时，针对并购重组预案中的披露事项发出的问询函，具体包括表 2 - 1 中的并购重组审核意见函、非许可类重组问询函、许可类重组问询函和重大资产重组预案审核意见

函。证券交易所会根据《上市公司重大资产重组管理办法》对上市公司的并购重组报告进行审核，强化上市公司并购重组信息披露。其他类问询函主要是关注函。关注函关注的对象是上市公司披露的除财务报告、并购重组预告/报告之外的其他报告，如股份收购报告、股份变动公告等。整理后的问询函数量如表2-2所示。

表2-2 证券交易所发出的问询函数量（按类别整理）

类别	个数（个）	比例（%）
财务报告问询函	1304	24.94
并购重组问询函	1607	30.74
其他	2317	54.32
合计	5228	100

由于年报问询函包含的信息更为广泛和全面，重要性程度更高，本书将研究对象聚焦于年报问询函。根据证监会2014年9月公布的《上市公司2013年年报审核情况通报》，按照证监会的要求，沪、深证券交易所根据上市公司具体情况实施年报审核，三年内每家公司至少应审核一次，证监会派出机构结合监管情况选取合理比例的公司年报进行重点审核，证监会上市公司监管部门视情况选取适当比例的公司年报进行审核。以年报问询函为例，证券交易所对上市公司的年报进行审核问询过程通常表现为：上市公司发布年度报告后，证券交易交易所一般会在20个交易日内进行审核，针对年报中业绩的真实性、资金占用情况、内部控制的有效性、董事会、监事会治理等问题，向上市公司发放问询函，一些年报问询函还会要求中介机构，如会计师事务所、律师事务所、资产评估公司、财务顾问或保荐机构对相关事项发表专业核查意见。交易所发出问询函后会同时在官方网站的"监管信息公开"专栏公开，要求上市公司在规定时间内（通常为5~10个交易日）以回函形式进行解释说明、补充披露。针对上市公司没有及时回复或者回复不清楚没有达到交易所要求的，交易所还会再次发函，直至所有问题都得到满意的解决。

　　针对年报审核的重点，2019 年，深圳证券交易所公布审核上市公司年报时将重点关注以下问题：一是公司业绩的真实性。交易所将业绩的真实性作为审核的核心，针对年报信息异常的情况，将进行刨根问底的问询；针对发现的违规线索，抽丝剥茧，持续跟进，以求还原真相。二是资金占用、违规担保等违法违规行为。对于已经暴露的大股东"掏空"问题，交易所及时进行预警纠偏，督促公司全面核查资金占用的原因及其影响。对于存货双高、突增大额预付款项、公允性存疑的关联交易等情形，交易所将持续高度关注，对可能的违法违规行为深挖到底。三是公司治理情况。交易所将以年报审核为契机，对上市公司的公司治理情况进行全面考察，重点包括分红派息方案的合规性、内部控制的有效性、"三会"运作、"董监高"履职、上市公司独立性等制度建设的执行情况。四是并购整合及业绩承诺的履行情况。交易所将强化对重组标的业绩承诺的履行情况的监管，对业绩精准达标、补偿期满后业绩大幅下滑的情况进行重点问询。五是信息披露情况。交易所将重点关注业绩预告、业绩快报与年报披露的业绩是否存在重大偏离，是否符合披露规则的要求以及是否存在关联交易、诉讼、政府补助等事项。六是中介机构执业质量。交易所将结合日常监管关注中的风险事项，向上市公司的年审会计师等中介机构发出关注函。

　　针对年报问询函中的具体问题，本书进行了统计分析，在 2015—2018 年样本期，证券交易所累计发出了 1203 份年报问询函，每一份年报问询函可能会对多个问题进行问询，本书按照年报问询函中包含的问题属性对年报问询函进行了分类整理，并按照数量和占比进行了排序，发现在所有的年报问询函件中，数量和占比较多的问题依次是：利润、收入、应收款项、关联交易、会计处理、存货、期间费用、税、研发、货币资金、诉讼与仲裁、业绩承诺、内部控制、政府补助、并购重组、董监高履职、薪酬、股权质押、非标准审计意见、媒体报道和关键审计事项。其中，在进行问题属性划分时，不同类别的问题之间可能存在交集，各个类别的问题含义如下。

与利润相关指年报问询函关注问询了上市公司的毛利率、营业利润、净利润等利润指标，包括利润指标的变动及变动原因，利润的驱动因素以及利润变化与其他项目（例如，收入、成本项目）变化呈现大幅不一致、不协调的原因等与利润相关的问题。

与收入相关指年报问询函关注问询了上市公司的营业收入，包括营业收入大幅变动及原因，前五大销售客户情况及收款情况、营业收入与其他项目（例如，产品的产量、销量、库存、营业成本和应收账款）是否匹配等问题。

与应收款项相关指年报问询函关注问询了上市公司的应收账款、其他应收款和长期应收款，包括应收款项的形成原因、大幅变动的原因、应收款项对象与公司的前五大客户的对应关系等。

与关联交易相关指年报问询函关注问询了上市公司的关联交易情况，包括关联交易的执行进展情况、关联交易定价的公允性、上市公司与关联方之间发生的应收应付款项，尤其关注是否存在关联方资金占用情况等。

与会计处理相关指年报问询函关注问询了上市公司的会计处理，包括上市公司计提减值准备、坏账准备、确认和计量金融资产等会计处理是否符合企业会计准则的规定等会计处理问题。

与存货相关指年报问询函关注问询了上市公司的存货、在产品和库存商品，包括存货的明细，存货与其他项目的匹配、存货跌价准备的计提、核销的合规性等。

与期间费用相关指年报问询函关注问询了上市公司的管理费用、销售费用和财务费用，包括三类期间费用大幅变动的原因和合理性、期间费用的具体明细项目和金额、期间费用与其他项目的匹配（例如，销售费用项目和管理费用项目下计提的职工薪酬和当期计提的职工薪酬之间的匹配性）等。

与税相关指年报问询函问询了与税相关的事项，包括营业税金及附加的明细项目和变动缘由、增值税返还的政策依据、递延所得税资产的明细、金额以及对利润的影响情况等。

与研发相关指年报问询函问询了与研发相关的事项，包括研发的主要内容、研发投入与研发人员的匹配性、研发费用变动的原因、研发投入费用化与资本化的合理性等。

与货币资金相关的年报问询函问询了与货币资金、现金相关的事项，包括公司持有的货币资金数量，货币资金与其他项目如公司产品的产量、销量、库存情况及备货资金需求预测等的匹配情况等。

与诉讼仲裁相关指年报问询函问询了诉讼、仲裁事项，包括上市公司是否针对诉讼和仲裁提取了营业外支出或预计负债、诉讼纠纷的争议焦点和对公司经营的潜在影响等。

与业绩承诺相关指年报问询函问询了业绩承诺事项，包括业绩承诺的具体事项、时间、金额、完成和达标情况等。

与内部控制相关指年报问询函关注了上市公司的内部控制，包括内部控制制度的设计和执行情况、内部控制是否存在重大缺陷，针对关联交易、保持独立性、防范大股东违规占用资金、投资业务等风险事项的具体内部控制措施等。

与政府补助相关指年报问询函关注了上市公司的政府补助，包括收到政府补助的时间、明细项目和具体金额，政府补助的会计处理是否符合会计准则的规定以及政府补助的信息披露是否符合规范等。

与并购重组相关指年报问询函关注了与并购重组相关的事项，包括引入重组方对公司持续经营和盈利能力的影响情况，重组标的承诺的业绩的实现情况，重组收购公司的财务状况、业绩状况等。

与董监高履职相关指年报问询函关注了上市公司的董事、监事、高管的履职情况，包括独立董事参加公司会议、对公司重大事项（如关联交易、持续经营能力等）发表意见的情况等。

与薪酬相关指年报问询函关注了上市公司的薪酬信息，包括职工薪酬的会计处理的合规性，通过销售费用、管理费用计提的职工薪酬与应付职工薪酬、支付给职工现金之间关系的合理性等问题。

与股权质押相关指年报问询函关注了上市公司的股权质押事项，包括股权质押的原因、用途，出质人的偿债能力，股权质押是否存在平仓风险以及针对平仓风险采取的应对措施等。

与非标准审计意见相关的年报问询函指证券交易所针对年审审计人员对上市公司的财务年报出具的带强调事项段的无保留意见、保留意见等非标准审计意见展开问询，要求上市公司从业务模式、内部控制、营业收入、利润等具体方面对自身的持续经营能力、盈利能力等进行详细说明。

与媒体报道相关的年报问询函指证券交易所根据媒体对上市公司的报道发出问询。例如，要求上市公司说明媒体对上市公司的报道是否属实，媒体报道的事件（例如，媒体报道出的上市公司的投资计划等）对上市公司的影响等。

与关键审计事项相关的年报问询函指证券交易所问询函关注了年报审计指出的关键审计事项。

按问题类别整理的年报问询函数量如表2-3所示。

表2-3 年报问询函中包括的问题类别

类别	个数（个）	比例（%）
利润	1077	89.53
收入	1006	83.62
应收款项	896	74.48
关联交易	832	69.16
会计处理	814	67.66
存货	669	55.61

续表

类别	个数（个）	比例（％）
期间费用	540	44.89
税	318	26.43
研发	306	25.44
货币资金	280	23.28
诉讼与仲裁	254	21.11
并购重组	249	20.70
业绩承诺	249	20.70
内部控制	221	18.37
政府补助	207	17.21
董监高履职	184	15.30
薪酬	156	12.97
股权质押	152	12.64
非标准审计意见	127	10.56
媒体报道	36	2.99
关键审计事项	31	2.58
合计	1203	100

关于年报审核的结果，针对审核中发现的问题，沪、深证券交易所以及证监会会通过下发监管函、要求更正或补充公告、要求中介机构发表意见等自律监管措施，通报批评、公开谴责等纪律处分，移交证监会进行监管谈话、发警示函以及责令改正等行政监管，移送立案调查等方式对上市公司进行进一步的监管。根据 2014 年证监会公布的《上市公司 2013 年年报审核情况通报》，2013 年，针对年报审核中发现的问题，沪、深交易所采取下发监管函、要求更正或补充公告、中介机构发表意见等自律监管措施 2566 项，通报批评、公开谴责等纪律处分 46 次；证监会派出机构采取监管谈话、警示函、责令改正等行政监管措施 30 项，移送立案 11 次；证监会上市公司监管部门提请派出机构对 4 家公司进行现场检查，对其他关注事项采取问询、要求解释说明、中介机构专项核查等措施进一步落实。

2.2　理论基础

2.2.1　委托代理理论

1. 委托代理理论的产生与发展

Peterson 等（1933）通过对美国 200 家大公司的数据分析，从公司数量和公司创造经济利润层面统计研究发现，约有 44% 的公司是由未握有公司股权的经理人员控制的，这些由经理人员控制的公司创造的利润在全部公司中占比 58%。由此他们得出，现代公司已经发生了"所有与控制"的分离，公司实际上已经被职业经理组成的"控制者集团"所控制。委托代理理论正是随着公司所有权和控制权（经营权）的逐步分离而产生的。

2. 委托代理理论的含义

委托代理理论的中心任务是研究在利益相冲突和信息不对称的环境下，委托人如何设计最优契约激励代理人。委托代理理论遵循以"经济人"假设为核心的新古典经济学研究范式，并以委托人和代理人之间利益相互冲突、委托人和代理人之间存在信息不对称两个基本假设为前提。

3. 委托代理理论的应用

委托代理关系在社会中普遍存在，委托代理理论被用于解决各种委托代理关系下，例如选民与官员、医生与病人、债权人与债务人等关系所产生的代理问题。委托代理问题在公司财务与公司金融领域的主要表现是，随着公司生产力和生产的专业化水平的提高，公司所有者将经营权委托给经理人。在理性经理人的假设下，所有者和经营者都为了实现自身的利益最大化而行动，但两者利益取向不同，这使其产生了在公司经营活动过程中的决策分歧，并存在非对称信息，从而产生代理成本。委托代理理论则主要解决在公司资源的所有者和经营者之间如何签订合理的契约以降低代理成本的问题。最后，本书考察年报问询函的监管效果，主要关注证券交易所发出的年报问询函对公司代理行为（超额现金持有行为和超额在职消费行为）的治理作用。超额现金持有与超额在职消费的产生与公司的委托代理和信息不对称问题密切相关，证券交易所年报问询函监管本质上是对年报信息披露的监管，因此，本书尝试在委托代理的分析框架下，从信息披露和信息不对称的视角考察年报问询函对超额现金持有和超额在职消费行为的治理作用。

2.2.2　信息不对称理论

信息经济学研究表明，现实生活中任何一种市场都存在"信息的不完全性"和"信息的非对称性"。"信息的不完全性"指由于认识的有限性和外界环境的复杂性，每一个市场参与者所掌握的信息总是有限的，不可能掌握市场的所有信息，也不可能预见市场的一切变化。"信息的非对称性"指在任何一场市场交易中，一方持有与交易相关的信息而另一方却不知道，当后者想要对前者所掌握的信息进行验证时，常常由于验证成本太高而在经济上不现实。这种信息的不完全性和信息的非对称性会导致信息拥有方为谋取自身更大的利益而使另一方的利益受到损害。解决这种信息不对称问题的有效途径就是建立信息披露制度，进行信息传递。

1. 信息不对称的类型

资本市场的信息不对称大致可分成三类：上市公司与投资者之间的信息不对称，上市公司与证券监管部门之间的信息不对称和机构投资者与中小投资者之间的信息不对称。其中，上市公司与投资者之间的信息不对称是最普遍、最显著、最难以控制的。因此，在资本市场上要想维护投资人的合法权益，保障投资人的利益，建立一个公平、公开、公正的资本市场，就必须解决上市公司与投资人之间的信息不对称问题。而解决这一问题的最好方式之一就是要求上市公司实施信息公开制度，公开披露公司的一切重大经营活动信息，使投资人及时了解公司的经营状况。

2. 信息不对称产生的原因

第一，证券产品的特殊性导致了信息不对称问题的天然存在。

由于证券本身没有使用价值，只有价格，证券价格主要是由其代表的上市公司的价值信息反映，投资者无法通过对证券本身的研究获得证券投资价值信息，只能去发掘证券背后的上市公司价值信息。因此，投资者在进行证券投资时不能像购买一般的消费品一样通过进行现场的观察、比较来获取较充分的信息，进行消费选择。证券产品本身的特殊性导致了证券市场信息不对称问题的存在。

第二，上市公司收集、加工、处理和公告信息产生的成本使上市公司拒绝充分披露信息，从而加剧信息不对称问题。

信息收集、加工和处理的成本包括直接成本和间接成本两部分。其中，直接成本是公司为完成信息披露任务、达到信息披露标准，而对相关的公司经营信息和公司财务信息进行分类整理、寻找信息发布渠道所耗费的人力、物力成本。间接成本主要指信息披露的结果可能引起公司经营情况及商业秘密的泄露，从而造成公司竞争优势丧失所带来的成本。另外，对于公司的大股东、高级管理人员而言，信息披露还会带来隐含成本。例如，对于高层管理人员而言，信息披露导致的在职消费、灰色收益等丧失的成本。对于大股东、高级管理人员等其他公司内部人而言，信息披露所导致的公司内部人无法利用内幕信息进行交易获取收益的成本。正是由于上述信息披露成本的存在，上市公司在某些情况下不希望进行信息披露，或者披露的信息不够充分，从而导致投资者与上市公司之间的信息不对称。

第三，投资者的信息搜索成本降低了投资者搜集信息的积极性，从而加剧了信息不对称。

在证券投资中，信息往往会成为收益的重要来源。投资信息的收益性会加剧信息源的垄断及隐匿，从而加剧信息披露的不充分性。尽管上市公司会进行较多的公开信息披露，这些披露的信息理论上对于投资者而言是公共产品，所有的投资者都可以免费获取和使用，然而相对更有价值、能够获取额外收益的信息，例如上市公司的投资价值分析报告等，一般是难以获取的非公开信息或者是获取成本较高的公开信息，对于一般的投资者而言，要搜索这些信息需要付出高昂的成本。较高的信息搜索成本会使一般的投资者望而生畏，更有价值的信息只集中在少数投资者手中，加剧信息源的垄断，加剧信息不对称。

第四，投资者的有限理性降低了投资者的处理信息能力，从而加剧了信息不对称。

随着现代信息技术的快速发展，投资者获取信息的渠道越来越多，获取的信息量越来越大。投资者获取信息的便利程度不断提升，现代社会对投资者信息处理能力的要求不断攀升。信息的丰富程度越高，信息良莠不齐的可能性越大，信息越有可能包括更多的"噪声"，此时就越需要投资者理性地处理信息，从众多复杂的信息中提炼出有用的信息。然而，对于一般的投资者而言，受知识、能力与时间的限制，投资者难以完全理性地从这些纷杂的信息中提炼出有效的信息。因此，投资者的有限理性也是造成资本市场信息不对称的原因之一。

第 3 章　文献综述

本章详细整理和归纳了问询函的经济后果研究的相关文献，并将这些文献根据研究内容进一步细分为公司财务、公司治理和审计三个方面。其中，公司财务研究主要从市场反应、股价崩盘风险、公司避税、会计准则问题和首次公开发行证券（以下简称IPO）问题五个方面展开，公司治理研究主要从信息披露、财务报告质量、内部交易者行为、高管行为、机构投资者行为和债权人行为六个方面展开，审计研究主要从审计师行为决策、审计质量和费用、内部控制审计三个方面展开。最后，基于对以上文献的讨论进行分析和评述。

3.1　问询函的经济后果文献

3.1.1　公司财务研究

1. 市场反应

无论是在发达国家资本市场，还是在我国资本市场，问询函都是监管机构进行证券监管的重要手段。这种监管方式的信息有效性和市场认可度是首先要考虑的问题。基于此，大量的文献考察了公司在收到问询函（李琳等，2017；陈运森等，2018a；陶雄华和曹松威，2018）和对问询函进行回函（李琳等，2017；陈运森等，2018a）时的市场反应。以发达资本市场为背景，对于问询函的市场反应，结论不一。例如，Chen 和 Johnston（2010）研究了美国证监会出具的问询函，研究发现，问询函改善了公司的信息披露环境，导致收到问询函的公司在发布盈余公告后市场反应减弱。Edwards 等（2018）同样以美国证监会出具的问询函为研究对象，研究发现，当公司收到与税相关的问询函时，投资者会有显著的负向市场反应。Dechow 等（2016）则指出，美国市场投资者对年报问询函公告无明显反应。相比美国资本市场，我国资本市场的问询函在问询函的发行主体、问询函和回函的披露时间等方面具有不同的背景特征。美国资本市场的问询函由证监会发出，我国资本市场的问询函则由证券交易所发出，两者的证券监管定位和监管效果存在差异。美国资本市场的问询函披露在监管机构问询、上市公司回函整个过程结束的 20 个工作日后同步披露，而我国的问询函则在监管机构发出日和上市公司回复日分别即时披露问询函和回函。这些特征都影响了问询函的市场反应结论。以我国资本市场为背景，研究得出了较为一致的结论：市场对问询函收函公告的反应显著为负，对回函公告的反应显著为正（李琳等，2017；陈运森等，2018a；陶雄华和曹松威，2018）。

2. 股价崩盘风险

问询函的主要监管对象为上市公司的信息披露，而公司的信息披露行为和结果会对股价产生直接影响。关于问询函的大量研究证实了股价会对问询函监管产生显著的反应。部分研究也进一步从股价特征的视角推进问询函的经济后果研究。例如，张俊生等（2018）研究了年报问询函与股价崩盘风险。研究发现，交易所年报问询函一方面能够增强投资者对年报信息的解读能力，对投资者起到风险警示的作用；另一方面可以促使管理层及时释放坏消息，避免了坏消息的隐藏和集聚，从而降低上市公司的股价崩盘风险。而且研究还发现，年报问询函对股价崩盘风险的降低作用在信息透明度较低的公司中更为明显。

3. 公司避税

由于不同的上市公司在信息披露方面的问题存在差异，证券监管机构对上市公司发出的问询函会针对不同的问题包含不同的主题，例如收入确认、税务处理、会计准则的使用等。为了清晰地识别不同主题的问询函是否起到了具体的监管效果，部分研究针对某一类特定主题的问询函的监管效果展开专门考察。例如，Kubick 等（2016）综合考察了与税这一主题相关的问询函与公司避税行为的关系。文章首先检验了公司的避税程度是否会引发证监会向上市公司发出问询函，然后考察问询函监管对上市公司避税程度的影响，最后考察问询函监管的溢出效应。研究发现，首先，热衷于进行高避税程度活动的公司更有可能收到与税相关的问询函。其次，相较于没有收到与税相关的问询函的公司，收到与税相关的问询函的公司随着预期税收成本的增加会显著减少它们的避税行为。最后，问询函这一监管方式对和被监管公司处于同一行业内的其他公司的税收行为也有影响，问询函显著减少了与被监管公司处于同一行业的其他公司的避税行为。

4. 会计准则问题

会计准则问题是美国证监会监管问询的重点问题。美国证监会在对上市公司的报告进行监管问询时，将重点关注与会计准则、披露规则等产生矛盾、冲突的事项的相关报告以及与解释经济活动和经济事项时可能存在重大缺陷的相关披露。基于此，许多研究考察了问询函在会计准则制定、应用过程中的作用（Walker and Robinson，1993；Georgiou，2005；Cooper and Robson，2006；Johnston and Jones，2006；Durocher et al.，2007；Yen et al.，2007；Holder et al.，2013）。例如，从重要性的判断视角，Acito 等（2019）以上市公司对问询函的回函为研究对象，考察管理层在进行重要性分析时对会计准则的应用问题。研究表明，盈余是最重要的重要性判断标准。又如，从对国际会计准则的应用视角，Linthicum 等（2017）通过对与会计准则相关的问询函进行内容分析，考察了证监会在解读和应用国际会计准则方面的作用。研究表明，证监会根据国际会计准则发出更多的问询函，要求上市公司改进信息披露，这表明证监会和问询函在推动国际会计准则的应用方面发挥了重要作用。Gietzmann 和 Isidro（2013）使用2006—2008 年证监会向在美国资本市场上市的公司发出的关于美国公认会计准则（来自美国的公司）和国际会计准则（来自欧洲的公司）的应用的问询函，考察机构投资者持股的变化并比较机构投资者在两类公司收到问询函时持股比例的变动差异。研究表明，当上市公司收到问询函时，机构投资者会减少它们的持股比例。研究还发现，相较于使用美国公认会计准则的公司，证监会更有可能对使用国际会计准则的公司发出问询函，相较于使用美国公认会计准则的公司，使用国际会计准则的公司收到问询函之后机构投资者持股的反应更为强烈。最后，从会计复杂性的视角，Baudot等（2018）通过分析问询函，从多样性、差异性和相互关联性三个维度解释了会计复杂性。研究表明，问询函能够对上市公司执行会计准则和政策提供引导和咨询，为公司应用较为复杂的会计准则进行信息披露提供帮助。

5. IPO 问题

IPO 公司由于其特有的公司财务和公司治理特征，常常成为证券监管的重点对象。由于 IPO 公司有较强的动机（为了高价发行股票）和较大的机会（公司现存的会计信息有限）去操纵盈余，IPO 公司潜在的信息不对称问题可能更多，信息披露风险可能更高，证券监管机构在对 IPO 公司审核问询时也会格外留心。以美国资本市场为例，美国证监会通过公司财务部门审核所有 IPO 公司的 IPO 文件。IPO 公司首先公布一个公开发行文件，证监会审核之后会向 IPO 公司发出问询函询问相关的问题以及提出修改建议。IPO 公司必须对证监会的问询函进行回复，证监会对回复不通过的还会继续进行问询，直到所有的问题都已解决。基于此，许多研究也重点考察了问询函对 IPO 公司的监管作用。例如，Schuldt 等（2018）研究考察了问询函监管在 IPO 公司盈余管理方面的作用。文章以证监会发出的与收入确认相关的问询函作为证券监管严厉程度的替代变量，考察了 IPO 公司盈余管理程度和与收入相关的问询函之间的关系。研究表明，公司在 IPO 之前的盈余管理程度和收到证监会发出的与收入相关的问询函数量之间存在正相关关系。IPO 公司在首次公开发行之前的盈余管理程度越高，越有可能收到证监会发来的与收入确认相关的问询函。而这种问询函监管又会影响 IPO 公司在公开发行之后的盈余管理。研究还表明，相较于其他的市场监督机制重点关注向上的盈余管理，问询函在 IPO 公司的研究情境下主要解决的是向下的盈余管理问题。Li 和 Liu（2017）研究了问询函监管与 IPO 公司价格形成之间的关系，研究发现，当 IPO 公司收到问询函时会降低发行价格，以及问询函对 IPO 价格的降低作用在与证监会来往频繁的公司中更为显著。

3.1.2 公司治理研究

1. 信息披露

问询函监管的对象是上市公司的信息披露行为，因此大量的研究从信息披露的视角考察问询函的监管效果，重点考察了问询函监管对收到问询函的公司的信息披露质量、信息透明度、业绩预告情况的直接影响。例如，Bozanic 等（2017）研究发现，问询函改善了企业的信息披露，提高了企业的信息透明度，减轻了企业的诉讼风险。李晓溪等（2019a）研究了年报问询函与业绩预告质量。研究发现，被问询的公司收到年报问询函后业绩预告积极性增加，预测精确度提高，预告文本信息质量改善，并且问询函性质越严重、回函越详细，业绩预告提升的效果越明显。另外，部分研究从信息披露的视角考察了问询函监管的溢出效应，即问询函监管对未收到问询函的公司的间接影响。例如，Brown 等（2018）从信息披露的视角研究了问询函的溢出效应。研究发现，问询函监管对没有收到问询函的公司的信息披露存在溢出效应，具体表现为当未收到问询函的公司存在下列情形：（1）公司为行业领导者；（2）公司为收到问询函的公司的亲密的竞争对手；（3）大量的同行业其他公司收到问询函时，没有收到问询函的公司也会在下一年度调整它们的信息披露。翟淑萍等（2020a，2020b）从年报可读性的视角，考察了问询函监管对董事联结的上市公司、审计联结的上市公司的溢出效应。研究表明，问询函不仅能提高收函公司的年报可读性，而且能够促使与收函公司具有董事联结关系的上市公司和审计联结的上市公司改善年报披露行为，提高年报可读性。翟淑萍等（2020c）从会计信息可比性的视角，考察了年报问询函监管对同行业、具有审计联结和董事联结的未收函公司的会计信息可比性的溢出效应。研究发现，年报问询函不仅能提高收函公司的会计可比性，还能提高与收函公司处于同一行业、接受共同的审计师事务所审计以及处于相同的董事网络中的未收函公司的会计可比性。

2. 财务报告质量

公司的信息披露行为会对财务报告质量产生直接影响。现有的研究从盈余管理和财务重述两个方面对问询函与财务报告质量的关系进行了考察。首先，从盈余管理的视角，现有的研究从直接效应和溢出效应两个方面考察了问询函对公司盈余管理的影响。研究表明，问询函监管能够抑制公司的盈余管理行为，当针对前一年年报或当年季报/半年报的收函总数越多或同一财务报告被问询次数越多，则当年的盈余管理降低幅度越大（陈运森等，2019）。此外，丁龙飞和谢获宝（2020）研究发现，问询函对公司财务报告质量的影响在集团公司内具有溢出效应。集团公司内子公司被年报问询会引起其他子公司财务报告质量的提高。内外部资本市场的信息传递是年报问询函溢出效应的主要原因。其次，从财务重述的视角，Liu和 Moffitt（2016）研究表明，收到问询函的公司更有可能进行财务重述，并且问询函的严重程度越高，收到问询函的公司进行财务重述的可能性越大。

3. 内部交易者行为

考虑到资金成本、市场风险和被监管的可能性，股票投资者容易利用两个间隔较短的时间差进行内幕交易。我国资本市场上，证券交易所发出并公开披露问询函和上市公司回复并公开披露回函之间存在一定的时间差，给投资者尤其是具有信息优势的内部投资者择时交易提供了便利。基于此，李琳等（2017）研究发现，具有信息优势的内部人存在择时交易行为，在问询函发布和回复期间内减持规模显著更大。在美国资本市场上，问询函和回函并不是在发出和回复时即时披露，而是在某一个时间点同时披露。2005 年 5 月 12 日，证监会要求问询函和回函的披露时间不得早于整个问询回复过程结束后的 45 个日历日。2012 年 1 月 1 日，证监会作出调整，将问询函和回函的披露时间调整为监管问询及回复工作完成后的 20 个交易日。

Dechow 等（2016）基于这一制度的变化，以美国证监会出具的与收入确认相关的年报问询函为研究对象，考察了问询函与内幕交易之间的关系。因为年报问询函包含了更多的信息，所以文章着眼于与年报相关的问询函，但并非所有的年报都提到了关键的会计问题，因此文章主要考察了与收入确认相关的年报问询函。文章利用这一政策变动，考察内幕交易者是否利用政策的变化延迟披露问询函件。文章通过考察在问询函披露日期附近的内部交易来判定内部从业者的机会主义行为。研究发现，上市公司在公开披露与收入确认相关的问询函之前有显著高于正常水平的内幕交易。

4. 高管行为

由于公司信息披露的主要负责人为公司高管（Indjejikian and Matejka，2009），信息披露和信息质量的变化可能会对高管产生重要影响。以往的研究发现，证券监管的结果会影响公司高管变更，例如，Srinivasan（2005）从财务重述的视角切入，以 1997 年至 2001 年美国资本市场上发生了财务重述的公司为研究对象，考察了当证券监管导致公司进行财务重述时，公司的外部董事尤其是审计委员会的成员们是否受到牵连。研究发现，相较于没有进行财务重述的公司，进行财务重述的公司外部董事尤其是审计委员会的成员们更换的概率显著更高。问询函这一监管方式最主要的监管对象就是上市公司的信息披露行为和信息披露质量，那么这一监管方式是否会影响以及如何影响公司的高管变更呢？Gietzmann 等（2016）以美国证监会问询函为研究对象，考察了问询函对公司财务总监（CFO）更换的影响。研究发现，收到问询函的公司 CFO 更换的概率显著更高。邓祎璐等（2020）以中国资本市场的问询函为研究对象，考察了问询函监管对高管变更的影响。研究发现，收到问询函的公司为了降低被问询成本和挽回公司声誉，会选择变更高管。相较于未收到问询函的公司，收到问询函的公司高管变更的概率显著更高。

5. 机构投资者行为

相较于一般的投资者，机构投资者具有更强的信息优势，对公司信息披露的反应也更为敏感。部分研究表明，投资者对上市公司收到问询函和回函时均有显著的市场反应，那么机构投资者对问询函又作何反应？Gietzmann 和 Isidro（2013）以美国证监会问询函为研究对象，区分长期机构投资者和短期机构投资者，对比使用国际财务会计准则编报的上市公司和使用美国公认会计准则编报的上市公司，考察了公司在收到问询函之后机构投资者持股的变化。研究发现，长期机构投资者在上市公司收到问询函后会减持股票。文章进一步区分了按照国际财务会计准则报告的上市公司与按照美国公认会计准则编报的上市公司在收到问询函之后机构投资者持股的反应。研究表明，相较于按照美国公认会计准则编报的上市公司，机构投资者对于按照国际会计准则编报的上市公司的负向反应更强烈。

6. 债权人行为

以往的研究表明，信息披露和信息质量会影响银行的信贷决策。当企业的信息披露较差时，产生道德风险和逆向选择的可能性会更高，基于信贷风险的考虑，银行会调整其信贷决策（Armstrong et al.，2010）。问询函的主要监管对象是上市公司的信息披露和信息质量，这一监管方式有可能会对债权人的行为决策产生影响。从信息披露与上市公司债务资金成本关系的角度，胡宁等（2020）对比检验了问询函以及问询函是否公开披露对上市公司的债务资金成本的影响。研究发现，一方面，问询函显著提升了被问询公司的债务资金成本，并且问询函包含的问题个数越多，当需要第三方出具专业审核意见以及问询的内容涉及风险事项时，债务资金成本上升的程度越大。另一方面，问询函的公开披露显著提高了被问询公司的债务资金成本，相较于那些收到问询函却没有公开披露的情形，公开披露的问询函对债务资金成本的影响更大。

3.1.3 审计研究

1. 审计师行为决策

由于监管机构问询的对象是经审计师审计过的财务报告，且问询过程中提出的收入确认、内部控制的有效性等问题与审计师进行审计执业密切相关，问询函很有可能对审计师的行为决策产生影响。基于此，彭雯等（2019）从非标准审计意见、审计师变更、审计事务所变更的角度考察了问询函监管对收函公司的审计师行为决策的监管效应和对未收函公司的审计师行为决策的溢出效应的影响。研究发现，问询函可以通过审计这个渠道产生监管效应。研究表明，问询函显著增加了审计师发表非标准审计意见的概率、审计师发生变更的概率以及审计事务所由大所变为小所的概率。研究还发现，问询函对审计师行为决策的影响不仅局限在收函公司，对未收到问询函但与收函公司被同一家事务所审计的公司也具有监管溢出效应。此外，我国 2017 年对审计报告进行了改革，增加了关键审计事项段，用以披露审计识别的可能影响财务报表审计的关键事项，使关键审计事项的信息含量和重要性在审计领域不断凸显。因此，也有研究从关键审计事项的视角切入，考察问询函对审计师行为决策和审计信息含量的影响。例如，耀友福和林恺（2020）从事务所、总分所和审计项目团队三个层面考察了问询函监管对关键审计事项判断的影响。研究表明，年报问询函监管有助于提升未来关键审计事项信息含量，且年报问询函对关键审计事项信息含量的提升作用在分所层面和"低成本型"的审计项目团队中更为显著。

2. 审计质量和费用

由于问询函会影响上市公司的信息披露行为进而影响审计师的审计行为，那么审计行为的结果变量——审计质量和审计费用——会受到问询函的影响。陈运森等（2018b）研究了问询函与审计质量的关系问题。研究发现，上市公司在收到问询函后的年份被出具非标准审计意见的概率显著提高，且当问询函涉及内部控制、公司诉讼风险等严重程度更高的问题时，问询函对上市公司被出具非标准审计意见的影响更强。研究表明，问询函形式的监管提高了审计师的谨慎性，降低了审计师的风险容忍能力，从而改进了审计质量。陈硕等（2018）从审计费用的角度考察了问询函对审计行为的影响。研究表明，问询函会影响审计师对被审计单位的风险认知，进而影响其审计程序和审计费用。研究发现，收到年报问询函的公司比没有收到年报问询函的公司支付了更多的审计费用，并且年报问询函中问题数量越多、问询次数越多，支付的审计费用越高。

3. 内部控制审计

对上市公司的审计除了财务报表审计外还包括内部控制审计。内部控制是公司治理的一个重要方面，对财务报表信息的生成、披露和财务报告质量有着至关重要的影响。Ryans（2020）通过文本分析的方法考察了问询函的重要性，研究表明与内部控制缺陷披露相关的问询函信息含量更高、更为重要。因为较差的内部控制很可能导致财务报告缺陷，上市公司的盈余质量常与内部控制相联系（Doyle et al.，2007）。证券监管机构在问询时也会重点关注上市公司的内部控制质量，因而问询函理论上也会对内部控制审计产生影响。耀友福和薛爽（2020）从内部控制审计意见购买的视角，从审计事务所层面、分所层面和签字审计师层面，系统地分析了年报问询函带来的监管压力对收函公司的监管效应和对未收函公司的溢出效应的影响。研究发现，问询函能够发挥监管作用，显著降低事务所层面、分所层面和签字审计师层面的内部控制审计意见购买。此外，问询函还具有监管溢出效应，能显著降低与收函公司处于同一行业、同一省份以及被相同的审计师事务所审计的未收函公司的内部控制审计意见购买。

3.2　文献评述

从以上文献总结中，可以看出问询函产生经济后果的一个基本逻辑：问询函通过向上市公司发问和要求上市公司限期答复来影响公司的会计信息生产和信息披露，进而影响所有与信息的生产和披露相关的避税、IPO等公司行为，影响生成和披露信息的责任人高管行为，影响利用信息进行决策的股权投资者、债权投资者、机构投资者、审计师等利益相关者的行为。但是，现有文献还存在以下不足。

首先，现有的研究尽管从公司财务、公司治理和审计的视角讨论了问询函的经济后果，但是针对问询函对公司内部经济活动和经济事项的具体影响仍然关注有限。

当评价一项监管政策的监管效果时，首先应该关注这一监管政策对被监管对象产生了哪些具体的影响（公司内部经济活动和经济事项的影响），然后再考虑这一监管方式/政策对其他监管对象利益相关者等的影响（公司外部相关者的影响）。以年报问询函为例，其监管对象是上市公司披露的年报，具体来说，其监管的是上市公司生产、报告和披露年报会计信息的过程和结果，虽然现有的研究大量关注了问询函对公司信息披露和财务报告质量的影响，但是信息披露作为一个整体概念，其含义相对宏观和宽泛，以往的研究表明问询函改善了信息披露，提高了财务报告质量，但具体到公司层面，问询函究竟改变了哪些具体的公司行为（如现金持有行为、投融资行为、创新行为、避税行为等）和管理层行为（如在职消费行为），改善了哪些具体的会计报表项目，起到了哪些实际的作用从而发挥了监管作用，对公司价值产生了什么样的影响，我们目前仍未清楚。

其次，现有的年报问询函的经济后果研究主要集中在微观公司层面，探讨了问询函对公司的业绩预告、财务报告质量、审计质量、债权人行为等方面的影响，较少有研究从相对宏观的层面考察年报问询函对资本市场的影响。资本市场是信息的市场，信息会影响股票价格。已有的研究表明，股票价格会对上市公司收到年报问询函和回复年报问询函产生反应，说明年报问询函具有信息含量。更进一步地，年报问询函能否影响和如何影响股票价格对信息的反应方式和反应程度，现有的研究并没有关注到这一问题。年报问询函能否影响资本市场信息效率，现有的研究并没有回答。

基于此，本书接下来将结合问询函的制度背景，对年报问询函对公司内部经济活动和行为、公司外部资本市场以及对公司价值的影响展开研究。

第4章 年报问询函与超额现金持有

4.1 引言

问询函是证券监管机构向上市公司发出的一种书面问询函件。以发达资本市场为背景，美国证监会自 1934 年成立以来便通过问询函的方式对上市公司提交的年度报告（10 – K）和季度报告（10 – Q）等定期报告以及并购重组和关联交易等重大事项报告（8 – K）等文件进行问询监管。2002年《萨班斯法案》强制规定美国证监会至少每三年对上市公司的定期报告和重大事项报告等文件审核一次并发布问询函，其中必须包括对年报的审核，以此来缓解上市公司的信息披露问题。这一举措提高了美国证监会问询函监管的重要性，此后其发出的问询函数量快速增长。2005 年 5 月，美国证监会通过专门的信息披露系统（EDGAR 系统）公开披露问询函，此后相关的研究开始大量出现。

以发达资本市场为背景，已有的文献从公司财务的视角考察了问询函的市场反应（Chen and Johnston，2010；Edwards et al.，2018）、问询函与公司避税（Kubick et al.，2016）、会计准则的制定和应用（Durocher et al.，2007；Yen et al.，2007；Holder et al.，2013）、IPO 公司的盈余管理和 IPO 公司的发行抑价（Li and Liu，2017；Schuldt et al.，2018）等问题，

从公司治理的视角考察了问询函与信息披露（Bozanic et al.，2017；Brown et al.，2018）、财务报告质量（Liu and Moffitt，2016）、内部交易者行为（Dechow et al.，2016）、高管变更（Gietzmann et al.，2016）、机构投资者持股变化（Gietzmann and Isidro，2013）等问题。从这些研究来看，关于问询函能否起到监管作用这一结论存在分歧。一方面，研究发现，公司在收到某些类型的问询函（如与税相关的问询函）时会有显著的市场反应（Edwards et al.，2018），问询函能够改善公司的信息披露、降低信息不对称（Bozanic et al.，2017），推动会计准则的执行和应用（Linthicum et al.，2017），从而起到积极的监管效果；另一方面，研究也发现市场投资者对问询函的公告没有显著的反应（Dechow et al.，2016），问询函并不会提高公司的信息披露和改进公司的财务报告质量，问询函很可能导致公司重述（Liu and Moffitt，2016）。

与发达资本市场相比，我国的问询函制度是随着信息披露直通车改革而发展起来的。2013 年沪、深证券交易所完成了信息披露直通车改革，为了配套直通车式的信息披露方式，提高上市公司信息披露的质量，两个证券交易所开始大力推进问询函的发展。问询函的数量急剧增长并且被公开披露。区别于发达资本市场，首先，我国的问询函主要由证券交易所发出。我国《证券法》通过法律的形式赋予了证券交易所对证券市场进行全方位监管的权力，且证券交易所的问询函监管有可能伴随着通报批评、公开谴责等纪律处分以及被证监会立案调查等更为严格的后续监管措施。其次，我国的问询函在发出时和上市公司回复时均即时披露，具有更强的时效性。在此制度背景下，我国问询函制度会产生怎样的经济后果是一个值得讨论的问题。

以我国资本市场为背景，问询函的研究在某些方面呈现出与发达资本市场不一样的结论。例如，研究普遍发现市场投资者对问询函发出公告呈现显著的负向市场反应（陈运森等，2018a；陶雄华和曹松威，2018），对问询函回函公告表现出显著的正向市场反应（陈运森等，2018a），问询函监管对公司的信息披露行为（李晓溪等，2019a；翟淑萍等，2020a，2020b，2020c）和财务报告质量（陈运森等，2019；丁龙飞和谢获宝，2020）均起到了正面的监管作用等。研究发现，问询函会提升上市公司面临的监管压力，降低投资者和公司管理层之间的信息不对称，引发媒体、中介和公众对被问询公司的监督，从而对上市公司的经济行为起到监管作用。然而，结合前文（第2章文献综述）的讨论分析，现有研究对问询函对公司监管的真实效果的关注仍然有限。已有的研究并未深入分析问询函究竟改变了哪些具体的公司行为和管理层行为、改善了哪些具体的会计报表项目、产生了哪些具体的影响从而发挥了监管作用。基于此，本书决定从公司行为出发，以年报问询函为例，考察年报问询函对公司行为的监管效果。

现金对于公司而言不仅是一项重要的流动资产，而且是一项重要的财务决策，长期以来受到理论界和实务界的大量关注（杨兴全和尹兴强，2018）。首先在理论层面，研究表明，如何使用和分配公司内部资金是股东和管理层利益冲突的集中体现（Harford et al.，2008）。理想状态下，公司的现金持有决策应该从股东财富最大化的角度出发，公司的现金持有水平应该维持在一个合理的水平，在这个水平之上每增加一个单位的现金持有所带来的边际收益等于边际成本。然而在现实的财务决策中，由于一方面现金是一种极易被操纵的稀缺资源，另一方面管理层和股东之间存在委托代理问题，最终使管理层在作出现金持有决策时不一定从股东利益最大化的角度出发，而很可能为了谋取个人私利而持有超过合理水平的现金，产生较高的超额现金持有。其次在实务层面，"现金为王"的黄金法则强调了现金流在公司管理中的战略地位，公司基于对融资约束（John，1993；Opler et al.，1999）、经济危机和政策波动（Duong et al.，2020；余靖雯等，2019）等不确定性因素的考量，也会选择持有较多的现金，使超额现金持有的现象在全球范围内大量存在（Gao et al.，2013；张会丽和吴有红，2012）。根据 Opler 等（1999）和 Bates 等（2009）的研究，美国资本市场的现金持有比率由 1980 年的 10.5% 上涨至 2006 年的 23.2%。与此相对应，根据余靖雯等（2019）的研究，我国资本市场的现金持有水平从 1999 年的 18% 上涨至 2013 年的 28%，尤其在 2008 年国际金融危机之后，现金持有比率明显上升，年度变动幅度超过 10%。合理的现金持有水平有助于公司维持正常的经营和规避未来的风险（Opler et al.，1999），超额现金持有则会产生较高的机会成本，诱发管理层的机会主义行为（Pinkowitz et al.，2006），产生严重的资金滥用行为，例如，较高的职务性消费、过度投资，低效率的并购，牺牲股东财富构建个人的企业帝国，等等。此外，相较于美国等发达资本市场，新兴资本市场投资者权益保护较为薄弱、公司治理水平整体偏低，大股东和管理层既有能力也有动力侵占和挥霍公司的现金资产，他们甚至能够以合法名义持有超额现金实现其自利目的。因此，研究如何提高我国资本市场上现金资源的管理效率具有十分重要的现实意义。

现有的现金持有的影响因素研究主要从政策制度层面考察了员工保护法和失业保险（Devos and Rahman，2018；Karpuz et al.，2020）、经济政策不确定性（Duong et al.，2020；余靖雯等，2019）等外部环境特征对公司现金持有行为的影响；从公司层面考察了股权结构（Harford et al.，2008；李常青等，2018；杨兴全和尹兴强，2018）、董事会（Chen R R et al.，2020）、内部控制（Chen H W et al.，2020；张会丽和吴有红，2014）等内部治理机制，公司的多元化经营、海外投资（Gu，2017；Cunha and Pollet，2020；袁淳等，2010）等经营策略和投资行为，税收规避（郑宝红和曹丹婷，2018）、供应链金融（Pan et al.，2020）、债权人诉讼（王彦超和王语嫣，2018）等公司和利益相关者行为对公司现金持有的影响；从管理层层面考察了实际控制人的外国居留权（Hou and Liu，2020）、高管的教育背景（Mun et al.，2020）、管理层权力（杨兴全等，2014）、管理层过度自信（Chen Y R et al.，2020；郑培培和陈少华，2018）等管理层个人特征和行为对公司现金持有的影响；从投资者层面考察了投资者情绪（Li and Luo，2017）对公司现金持有的影响。基于这些研究可以发现，公司的现金持有包括三种主要的动机：交易性动机、预防性动机和代理性动机。其中，交易性动机指由于公司将非现金资产转化为现金资产需要付出一定的交易成本，公司会选择留存一部分现金以应对日常经营（Miller and Orr，1966）。预防性动机指由于信息不对称导致的逆向选择和道德风险，公司在进行外部融资时付出的成本要高于内部融资成本，因此，公司会选择留存一部分现金以应对未来投资机会的变化或者经济、政策不确定性等外部冲击。例如，Opler（1999）的研究表明，融资便利程度更高的公司，如大公司和债券评级更高的公司现金持有水平更低。代理性动机指由于现金能够增强管理层的自由裁量权，管理层会倾向于留存较多的现金，以强化管理层对资源和权力的控制，满足其个人私利。例如，Jensen（1986）的自由现金流假说指出，管理层更倾向于持有更高水平的现金而不是将现金以股利的方式返还给股东。由于预防性动机和代理性动机与公司的信息不对称程度、公司治理和代理问题直接相关，现有的文献更多地从这两个动机出发，考察公司现金持有的影响因素。从已有的研究文献来看，并没有研究从政策制度层面考察证券交易所监管对公司的超额现金持有行为的影响。证券交易所实施年报问询函监管的目的在于改善上市公司的信息披露，公司的信息披露行为与信息不对称程度、公司治理和代理问题直接相关，理论上现金持有行为作为公司内部一项重要的财务决策会受到信息披露监管政策的影响。

基于此，本章分析了年报问询函对超额现金持有的影响。本章以2015—2018年我国 A 股上市公司为研究对象，从超额现金持有的视角考察了年报问询函的经济后果。研究发现，年报问询函会显著降低超额现金持

有水平。通过 Heckman 两阶段模型与倾向评分匹配法和双重差分（PSM +
DID）模型的检验后，结果依然稳健。进一步研究表明，年报问询函对超
额现金持有的降低作用在管理层权力较低的公司和市场化程度较高的地区
更为显著，并且当年报问询函中包含的问题个数越多、年报问询函需要中
介机构发表核查意见时，年报问询函对超额现金持有的降低效果越明显。
最后，作用机制分析表明，年报问询函通过缓解信息不对称来降低超额现
金持有。

本章可能的贡献在于：第一，现有的研究考察了年报问询函对业绩预
告（李晓溪等，2019a）、高管变更（邓祎璐等，2020）、公司避税（Ku-
bick et al.，2016）、财务报告质量（陈运森等，2019）、股价崩盘风险
（张俊生等，2018）、IPO 价格（Li and Liu，2017）、审计质量（陈运森等，
2018b）等因素的影响，尚未有研究考察年报问询函对超额现金持有的影
响。本章拓展了年报问询函的经济后果研究。第二，现有的文献主要从员
工保险法律的执行（Devos and Rahman，2018）、党代会的召开（余靖雯
等，2019）等视角考察了外部政策对超额现金持有的影响，尚未有文献关
注年报问询函监管对超额现金持有的影响。本章丰富了超额现金持有的影
响因素研究。第三，本章的研究结论具有较好的实践意义。研究结果表
明，年报问询函可以降低超额现金持有水平，为监管机构加强问询函监管
提供了经验证据，同时为进一步提升资本市场信息效率，促进资本市场健
康发展提供了启示。

4.2　研究假设

本书认为，年报问询函通过缓解信息不对称，强化投资者对代理行为
的监督，减少上市公司基于抵御融资约束的预防性超额现金持有和基于监

督治理作用较弱的代理性超额现金持有。

第一，年报问询函有利于增加上市公司披露的信息数量，提高上市公司披露的信息质量，从而降低信息不对称。证券交易所向上市公司发出年报问询函时，会要求上市公司针对财务报告中的重要事项、复杂事项进行补充披露和解释说明，这有利于增加上市公司披露的信息数量，提高上市公司披露的信息的可理解性；并且年报问询函要求审计师、律师、评估师等中介机构对财务报告中存在风险的会计数字、合同契约和评估事项进行补充核查并发表独立意见，这有利于提高上市公司披露的信息的可靠性。

第二，年报问询函有利于吸引媒体关注，增加投资者接收到的公司信息，强化投资者对上市公司代理行为的监督，提升上市公司的治理效率，从而降低信息不对称。证券交易所要求上市公司公开披露年报问询函和回函，并在官网设专栏集中披露，能够有效吸引媒体的关注，增加媒体的报道。媒体报道对信息不对称的降低作用主要表现为两个方面。一方面，媒体具有信息功能（罗进辉和蔡地，2013；杨玉龙等，2018）。媒体作为信息传递渠道，具有信息搜集解读能力强、受众范围广等特点（Dyck et al.，2008）。媒体报道能够向投资者传递更多的有效信息，增强投资者对信息的解读能力，从而缓解信息不对称。另一方面，媒体具有公司治理功能（李培功和沈艺峰，2010）。媒体报道有助于减少上市公司对投资者的利益侵害，提升上市公司的治理效率，从而缓解信息不对称（Liu and McConnell，2013；杨德明和赵璨，2012）。

年报问询函通过缓解信息不对称降低预防性超额现金持有的逻辑在于：年报问询函有利于降低信息不对称，从而缓解上市公司的融资约束，降低公司的预防性超额现金持有。预防性超额现金持有产生的原因之一在于：信息不对称会带来逆向选择和道德风险，提高公司的融资难度和融资成本，而由于融资难度和融资成本的问题，公司无法通过外部资金有效应对潜在的投资机会和可能的风险，不得不通过持有更多现金来进行预防

（Opler et al.，1999；Chung et al.，2015）。年报问询函会要求上市公司针对财务报告中的重要事项、复杂事项进行补充披露和解释说明，要求审计师、律师、评估师等中介机构对财务报告中存在风险的会计数字、合同契约和评估事项进行补充核查并发表独立意见，有利于提高上市公司披露的信息的数量和质量，降低信息不对称。相较于信息不对称程度较高的公司，信息不对称程度较低的公司道德风险和逆向选择问题更弱，融资难度更小、融资成本更低，从而在一定程度上缓解上市公司因为融资问题而增加超额现金持有的问题，降低公司的预防性超额现金持有。

年报问询函通过缓解信息不对称降低代理性超额现金持有的逻辑在于：年报问询函有利于吸引媒体关注，提升上市公司的治理效率，缓解投资者和上市公司的信息不对称，强化投资者对管理层代理行为的监督，从而减少上市公司的代理问题，降低代理性超额现金持有。代理性超额现金持有产生的原因之一在于：相较于债权性融资和股权性融资得来的资金，公司内部的现金性资源较少地受到外部市场的监督，因而管理层基于自由现金流的考虑会倾向于留存较多的现金以便进行更多的职务性消费、过度投资等行为，满足其获得控制权力和资源、构建公司帝国的个人私利。研究表明，媒体关注不仅能够约束上市公司的盈余管理行为、缓解高管薪酬乱象、降低成本费用黏性，还有助于提升上市公司的内部控制，抑制公司的代理成本（于忠泊等，2011；逯东等，2015；梁上坤，2017）。具体而言，媒体报道对代理性超额现金持有的降低作用主要表现为两个方面。一方面，媒体具有信息功能（罗进辉和蔡地，2013；杨玉龙等，2018）。媒体报道能够向投资者传递更多的有效信息，增强投资者对信息的解读能力，从而强化投资者对现金持有和现金使用行为的监督，减少管理层针对现金的代理行为。另一方面，媒体具有公司治理功能（李培功和沈艺峰，2010）。媒体报道有助于减少上市公司对投资者的利益侵害，提升上市公司的治理效率，从而减弱管理层对现金资源的自由裁量权，减少管理层基于自由现金流考量的超额现金持有行为。

基于以上分析，提出假设 H1。

H1：年报问询函降低超额现金持有。

根据上文的分析，年报问询函能够提升上市公司的治理效率，强化对管理层代理行为的监督，最终减少代理性超额现金持有。由于公司的现金持有决策最终由管理层作出，管理层权力的大小会影响年报问询函的监管效果和上市公司的现金持有行为，本书进一步分析管理层权力对年报问询函与超额现金持有的调节作用。在已有的研究中，许多学者对管理层权力进行了界定。Finkelstein（1992）将管理层权力定义为管理层执行其意愿的能力。卢锐等（2008）的研究指出管理层权力是管理层对公司治理体系（包括决策权、监督权以及执行权）的影响能力。管理层权力的大小决定了管理层能否影响以及在多大程度上影响公司的决策与行为，是股东和管理层委托代理冲突的集中体现（杨兴全等，2014）。当管理层权力较大时，管理层通过代理冲突攫取个人私利的动机越大，同时自身的影响力更大，受到监督制约的可能性更小，导致其获取私利的能力也更强。具体到问询函和代理性超额现金持有的情形，相较于管理层权力较小的情形，当管理层权力更大时，管理层更有可能通过影响公司的信息披露、现金持有决策，作出有利于实现自己私利的信息披露和现金持有行为。更有甚者，当管理层权力足够大时，管理层有可能凌驾于股东、董事会、内部控制等公司治理机制之上，使各项内外部监督治理机制对管理层的制约作用有限。权小锋等（2010）指出管理层权力在公司的内部治理出现缺陷、外部制度约束有限的情况下，会表现出超出其控制权范畴的深度影响力。此时，年报问询函对上市公司的信息披露监管更容易受到管理层控制权和影响力的制约，从而导致年报问询函对管理层代理行为的监督作用有限，即年报问询函降低代理性超额现金持有的作用有限。

基于以上分析，提出假设 H2。

H2：相较于管理层权力较大的公司，管理层权力较小的公司年报问询函对超额现金持有的影响更强。

市场化程度是研究公司行为的一个重要的制度背景。由于不同的上市公司所在地市场化程度存在差异，这一差异会影响年报问询函的监管效果，本书进一步分析市场化程度的调节作用。市场化程度是一系列经济、社会、法律乃至政治体制的综合量度（樊纲，2003）。我国在进行市场化改革的过程中，由于各个地区所处的地理位置、要素市场的发育程度、拥有的资源禀赋情况以及享受的国家政策存在差异，各个地区的市场化程度呈现出较高的不平衡性（杨兴全等，2014）。又由于市场化程度体现了一个地区整体的治理环境，市场化程度的不平衡性会导致各项监管政策对上市公司的监管效果存在差异。相较于市场化进程较低的地区，市场化进程较高的地区一方面金融等要素市场发育更为成熟，公司信贷资金的分配更为市场化（樊纲，2003），上市公司通过降低信息不对称缓解融资约束的动机会更强，效果会更好；另一方面审计师、分析师、媒体等中介机构的发育程度更高，地区法制化水平更高（樊纲，2003），从而更有利于强化对上市公司的监督，提高法律与政策的执行效果。具体到年报问询函与超额现金持有的情形，当市场化程度较高时，一方面，上市公司会更有动机遵循年报问询函的监管要求增强信息披露以期通过缓解信息不对称来降低融资难度，从而使公司减少基于融资约束考量的预防性现金持有；另一方面，年报问询函通过媒体等信息中介对上市公司管理层通过超额现金持有攫取个人私利的行为的监督作用更强，从而降低代理性超额现金持有。

基于以上分析，提出假设 H3。

H3：相较于市场化程度较低的地区，年报问询函对超额现金持有的影响在市场化程度较高的地区更为显著。

4.3 研究设计

4.3.1 样本与数据来源

由于上海证券交易所和深圳证券交易所网站披露的年报问询函数据起始年份为 2015 年，本章选取 2015—2018 年的所有 A 股上市公司作为初始样本，剔除金融行业和数据缺失的样本，得到 12185 条观测值，3520 家上市公司。数据来源于中国研究数据服务平台（CNRDS）和国泰安（CS-MAR）数据库。对所有连续变量进行了 1% 的缩尾处理。

4.3.2 回归模型和变量

为了验证本书的假设 H1，构建了模型（4–1）：

$$
\begin{aligned}
AbCashhold_{i,t} =\ & \beta_0 + \beta_1 Inquiry_{i,t} + \beta_2 Cflow_{i,t} + \beta_3 NWC_{i,t} \\
& + \beta_4 Capex_{i,t} + \beta_5 Age_{i,t} + \beta_6 Size_{i,t} \\
& + \beta_7 Leverage_{i,t} + \beta_8 TobinQ_{i,t} + \sum Year \\
& + \sum Industry + \varepsilon
\end{aligned}
\tag{4–1}
$$

对于模型（4–1）中各变量的解释如下：

（1）因变量：超额现金持有（*AbCashhold*）。首先，参考杨兴全等（2016）、杨兴全和尹兴强（2018）的研究，将公司的现金持有水平定义为现金及现金等价物除以非现金资产。其中，现金及现金等价物为货币资金加上交易性金融资产，非现金资产为总资产减去现金及现金等价物。其次，参考张会丽和吴有红（2012）、罗进辉（2018）的研究，将超额现金持有定义为公司现金持有减去行业现金持有。采用这一衡量方式的原因在于行业因素是影响公司现金持有水平的重要因素（Chudson，1945），行业

平均的现金持有水平是评价公司的现金持有水平的重要参考（连玉君等，
2011）。因此，行业现金持有水平采用行业内上市公司现金持有水平的均
值衡量。

（2）自变量：*Inquiry* 为年报问询函，表示公司是否收到年报问询函。
参考陈运森等（2019）的研究，*Inquiry* 为虚拟变量，若公司当年收到年报
问询函，则取值为1，否则为0。

（3）调节变量：*Power* 为管理层权力，采用主成分分析法合成的管理
层权力指标衡量。*Market Score* 为市场化程度，采用樊纲市场化指数衡量。
针对管理层权力变量，现有的文献中并没有直接度量管理层权力的指标，
而是选取一些基础指标采用主成分分析法合成一个整体的管理层权力指
标。在选取基础指标时，权小锋等（2010）选取了两职兼任、CEO 任期、
董事会规模、内部董事比例和国企金字塔控制链条的深度；卢锐等
（2008）选取两职兼任、股权分散、高管是否长期在位；王化成等（2019）
选取了两职兼任、董事会规模、内部董事比例、CEO 任期和管理层持股比
例。鉴于权小锋等（2010）的研究对象限于国有企业，本书采用王化成等
（2019）的方法从三个维度选取五个基础指标。具体而言，关于基础指标
的取值，本书的选取和定义如下。

①两职兼任（*Dual*）

两职兼任直接体现了高管在上市公司领导结构中的地位，是管理层权
力的重要影响因素（卢锐等，2008）。若公司的 CEO 同时兼任董事长，则
其在日常经营管理和重大决策制定过程中都会拥有更高的话语权（王化成
等，2019），相较于 CEO 和董事长由不同的人担任的公司，两职兼任的公
司高管权力更大。因此，若公司的 CEO 和董事长兼任时，则取值为2，否
则取值为1。

②董事会规模（*Boardsize*）

上市公司所有重大的决策都必须通过董事会的同意，董事们通过董事

会的投票决议对管理层的行为起到监督控制作用。董事会的规模越大，董事会的权力越分散，董事之间越难以形成一致的决策，此时对管理层的监督作用便会减弱（杨兴全等，2014）。因此，董事会规模（*Boardsize*）越大，管理层的权力越大。

③内部董事比例（*Innerboard*）

内部董事与独立董事共同构成了董事会。相较于独立董事，内部董事由公司内部人员担任，其行为决策更容易受到管理层的影响和制约，独立性更低，对管理层的监督和制约作用更弱。公司的内部董事比例越高，董事会的独立性就越低，对管理层的监督和制约作用越弱。因而，内部董事比例（*Innerboard*）越大，管理层权力越大。

④总经理任期（*CEO Term*）

从时间维度上看，管理层权力最直接的体现就是管理层人员长期保持职位（卢锐等，2008）。CEO 在该职位上的任期越长，越有利于管理层通过职位建立人脉和关系，减弱其他监督机制对管理层的制约。因而，总经理任期（*CEO Term*）越长，管理层权力越大。

⑤管理层持股比例（*MAO*）

管理层持股时，所有者和经营者的双重身份会增强管理层对公司的经营决策的影响力，弱化董事会等其他监督机制对管理层的制约能力。因此，管理层持股比例（*MAO*）越高，管理层权力越大。

（4）控制变量：本书参考杨兴全等（2014）、杨兴全等（2016）、余靖雯等（2019）的研究，在模型中加入了以下控制变量：经营性现金流、营运资本、资本支出比率，以及公司财务层面的公司年龄、公司规模、负债比率和托宾 Q 值变量。

表 4-1　年报问询函与超额现金持有的变量定义

变量	符号	定义
超额现金持有	*AbCashhold*	公司实际的现金持有水平与行业现金持有水平的均值之间的差额

续表

变量	符号	定义
年报问询函	*Inquiry*	若公司当年收到年报问询函，则取值为 1，否则为 0
经营性现金流	*Cflow*	经营活动产生的现金流量净额除以非现金资产
营运资本	*NWC*	流动资产与流动负债的差额除以非现金资产
资本支出比率	*Capex*	构建固定资产、无形资产和其他长期资产所支付的现金除以总资产
公司年龄	*Age*	观测值年份减去公司成立年份的自然对数
公司规模	*Size*	公司总资产的自然对数
负债比率	*Leverage*	公司总负债与总资产的比值
托宾 Q 值	*TobinQ*	股票市值除以总资产
管理层权力	*Power*	上市公司管理层权力，采用主成分分析法合成的管理层权力指标衡量
市场化程度	*Market Score*	上市公司所在地的市场化程度，采用樊纲市场化指数衡量
行业均值	*Industry mean*	同行业公司收到年报问询函的均值
内部控制质量高低	*INCONTR*	公司内部控制质量的评分高低，采用迪博内部控制指数衡量，若公司内部控制质量评分高于年度—行业中位数，则取值为 1，否则为 0
产权性质	*SOE*	若为国有企业，则取值为 1，否则为 0
是否亏损	*LOSS*	若公司当年发生亏损，则取值为 1，否则为 0
内部控制缺陷	*IC WEAKNESS*	若公司内部控制存在缺陷，则取值为 1，否则为 0
"四大" 审计	*Big4*	若公司被 "四大" 会计师事务所审计，则取值为 1，否则为 0
公司成长性	*Growth*	公司营业总收入的增长率

为了检验 H1，使用全样本对模型（4 - 1）进行回归，若年报问询函（*Inquiry*）的系数 β_1 显著小于 0，则年报问询函降低超额现金持有，H1 得证。

为了检验 H2，使用主成分分析法合成的管理层权力指数衡量管理层权力的大小，以考察在不同的管理层权力下，年报问询函对超额现金持有的影响是否存在差异。具体而言，将超过行业—年份中位数的视为管理层权力较大的组，否则视为管理层权力较小的组。将两组样本分别按照模型

（4－1）进行回归，并对年报问询函（*Inquiry*）的系数进行组间差异检验，若年报问询函（*Inquiry*）的系数在管理层权力较小的组更显著，则管理层权力大减弱了年报问询函对超额现金持有的降低作用，H2 得证。

为了检验 H3，使用市场化指数衡量上市公司所在地的市场化程度，考察在不同的市场化程度下，年报问询函对超额现金持有的影响是否存在差异。将超过行业—年份中位数的视为市场化程度较高的组，否则视为市场化程度较低的组。将两组样本分别按照模型（4－1）进行回归，并对年报问询函（*Inquiry*）的系数进行组间差异检验，若年报问询函（*Inquiry*）的系数在市场化程度高的组更显著，则市场化程度高增强了年报问询函对超额现金持有的降低作用，H3 得证。

4.4　实证分析

4.4.1　描述性统计

表4－2 报告了年报问询函与超额现金持有的描述性统计。首先，因变量和自变量的描述性统计结果显示：超额现金持有（*AbCashhold*）的均值为 0.0001，标准差为 0.2542，最小值为 －0.2980，最大值为 1.1002，说明不同公司间的超额现金持有存在明显差异。年报问询函（*Inquiry*）的均值为 0.0849，说明在样本期间内，收到年报问询函的观测值约占样本总量的8.49%。其次，从控制变量的描述性统计结果中可以看出：经营性现金流（*Cflow*）的均值为 0.0551，表明在本书的样本期间内，上市公司的经营活动产生的现金流量净额占非现金资产的比重约为 5.51%；营运资本（*NWC*）的均值为 0.0910，表明样本期间内，上市公司的营运资本占非现金资产的平均比重约为 9.10%；资本支出比率（*Capex*）的平均值为

0.0440，表示样本期间内，上市公司的资本性支出占总资产的比重平均为
4.40%；公司年龄（*Age*）的均值为 2.8965；公司规模（*Size*）的均值为
22.1960；负债比率（*Leverage*）的均值为 0.4208，表明样本期间内，平均
而言，上市公司的负债约占其资产的 42.08%；托宾 Q 值（*TobinQ*）的均
值为 2.9681，说明样本期间内，平均而言，上市公司的股票市值是总资产
的 2.9681 倍。最后，调节变量的描述性统计结果显示：管理层权力
（*Power*）均值为 -0.0508，标准差为 1.2657，表明不同的公司之间管理层
权力差异较大。市场化程度（*Market Score*）的均值为 8.6103，标准差为
1.7555，表明不同的公司所在的地区不同，各地区之间的市场化程度差异
较大。

表 4 - 2　年报问询函与超额现金持有的描述性统计

变量	观测值	均值	标准差	最小值	25%	中位数	75%	最大值
AbCashhold	12185	0.0001	0.2542	-0.2980	-0.1318	-0.0694	0.0410	1.1002
Inquiry	12185	0.0849	0.2788	0.0000	0.0000	0.0000	0.0000	1.0000
Cflow	12185	0.0551	0.0937	-0.2123	0.0062	0.0504	0.1016	0.3616
NWC	12185	0.0910	0.2599	-0.6145	-0.0707	0.0903	0.2620	0.6685
Capex	12185	0.0440	0.0440	0.0002	0.0126	0.0306	0.0613	0.2121
Age	12185	2.8965	0.3043	2.0794	2.7081	2.9444	3.1355	3.4340
Size	12185	22.1960	1.2966	19.7557	21.2829	22.0600	22.9424	25.8882
Leverage	12185	0.4208	0.2100	0.0595	0.2523	0.4061	0.5709	0.9284
TobinQ	12185	2.9681	2.3492	0.8589	1.4377	2.1912	3.6118	13.7987
Power	11686	-0.0508	1.2657	-3.1498	-0.9149	0.1726	1.0370	2.6195
Market Score	12184	8.6103	1.7555	4.1000	7.2700	9.3000	9.9700	10.6200

4.4.2　相关性分析

表 4 - 3 报告了年报问询函与超额现金持有的相关系数。首先，从主测
试变量的结果来看，年报问询函（*Inquiry*）和超额现金持有（*AbCashhold*）
的 Pearson 和 Spearman 相关系数分别为 -0.0479 和 -0.0784，且均在 1%

的水平上显著，说明年报问询函（*Inquiry*）变量与超额现金持有（*AbCashhold*）之间存在显著的负相关关系。其次，结合控制变量的结果来看，资本支出比率（*Capex*）、公司年龄（*Age*）、公司规模（*Size*）、负债比率（*Leverage*）与超额现金持有（*AbCashhold*）均呈显著负相关关系，经营性现金流（*Cflow*）、托宾 Q 值（*TobinQ*）与超额现金持有（*AbCashhold*）均呈显著正相关关系，营运资本（*NWC*）与超额现金持有（*AbCashhold*）之间并无显著的相关关系。以上数据说明，总体而言，当其他因素保持不变时，当资本支出比率越高、公司年龄越大、公司规模越大、负债比率越高时，超额现金持有水平越低，而当公司的经营性现金流越多、股票市值与总资产的比值越高时，超额现金持有水平越高。

为了检查潜在的多重共线性，避免因自变量存在精确关系或高度相关导致估计结果的偏差，本书进一步计算了所有自变量的方差膨胀因子，其中最大的方差膨胀因子来自负债比率（*Leverage*）变量，具体值为 2.51，远低于多元回归模型中方差膨胀因子最大值为 10 的标准（Kennedy，1998）。因此，本书的实证结果不会因多重共线性而产生较大偏差。

表 4 – 3　年报问询函与超额现金持有的相关系数

变量	AbCashhold	Inquiry	Cflow	NWC	Capex	Age	Size	Leverage	TobinQ
AbCashhold	1	– 0.0784 ***	0.2525 ***	0.0810 ***	– 0.0029	– 0.0023	– 0.1486 ***	– 0.2572 ***	0.1473 ***
Inquiry	– 0.0479 ***	1	– 0.1062 ***	– 0.0958 ***	– 0.1203 ***	0.0826 ***	– 0.0227 **	0.1060 ***	– 0.0295 ***
Cflow	0.3177 ***	– 0.1047 ***	1	– 0.0846 ***	0.2096 ***	– 0.0384 ***	0.0137	– 0.2034 ***	0.1045 ***
NWC	– 0.0002	– 0.1068 ***	– 0.0745 ***	1	– 0.1417 ***	– 0.1530 ***	– 0.3685 ***	– 0.5897 ***	0.3072 ***
Capex	– 0.0610 ***	– 0.0945 ***	0.1539 ***	– 0.1328 ***	1	– 0.1489 ***	– 0.0262 ***	– 0.1005 ***	0.0771 ***
Age	– 0.0286 ***	0.0790 ***	– 0.0377 ***	– 0.1535 ***	– 0.1150 ***	1	0.1706 ***	0.1864 ***	– 0.2459 ***
Size	– 0.1738 ***	– 0.0344 ***	0.0209 **	– 0.3128 ***	– 0.0258 ***	0.1402 ***	1	0.5186 ***	– 0.6835 ***
Leverage	– 0.2629 ***	0.1273 ***	– 0.2035 ***	– 0.5952 ***	– 0.0686 ***	0.1806 ***	0.4952 ***	1	– 0.4665 ***
TobinQ	0.2250 ***	– 0.0039	0.0905 ***	0.1917 ***	0.0472 ***	– 0.1529 ***	– 0.5696 ***	– 0.3276 ***	1

4.4.3 回归结果分析

表 4 - 4 报告了年报问询函与超额现金持有的回归结果。首先，从主要测试变量的结果来看，第（1）列中，只控制年度、行业时，年报问询函（$Inquiry$）的估计系数为 - 0.0450，且在 1% 的显著性水平上显著。第（2）列中，在控制其他影响因素之后，年报问询函（$Inquiry$）的估计系数为 - 0.0238，仍然在 1% 的水平上显著，表明年报问询函显著降低超额现金持有。由此支持 H1。其次，从控制变量的结果来看，总体而言，控制变量的影响方向与上文的理论预期相符，具体来看，第（2）列中，经营性现金流（$Cflow$）的估计系数为 0.6881，且在 1% 的显著性水平上显著，说明经营性现金流越多，越有可能产生超额现金持有。营运资本（NWC）的估计系数为 - 0.2819，且在 1% 的显著性水平上显著，说明公司的营运资本越充足，超额现金持有水平越低。资本支出比率（$Capex$）的估计系数为 - 0.8786，且在 1% 的显著性水平上显著，说明公司的资本支出比率越高，超额现金持有水平越低。公司年龄（Age）和公司规模的估计系数为 - 0.0161 和 - 0.0054，且并不显著，说明公司成立时间长短和资产规模大小并不影响公司的现金持有决策。负债比率（$Leverage$）的估计系数为 - 0.4532，且在 1% 的显著性水平上显著，说明负债比率越高，超额现金持有水平越低。托宾 Q 值（$TobinQ$）的估计系数为 0.0209，且在 1% 的显著性水平上显著，说明公司的股票市值与总资产的比值越高，超额现金持有水平越高。

表 4 - 4   年报问询函与超额现金持有的回归结果

Y = $AbCashhold_t$	（1）	（2）
$Inquiry_t$	- 0.0450 ***	- 0.0238 ***
	（- 5.45）	（- 2.95）
$Cflow_t$		0.6881 ***
		（11.93）

续表

Y = $AbCashhold_t$	(1)	(2)
NWC_t		-0.2819 ***
		(-8.39)
$Capex_t$		-0.8786 ***
		(-11.41)
Age_t		-0.0161
		(-1.46)
$Size_t$		-0.0054
		(-1.52)
$Leverage_t$		-0.4532 ***
		(-14.47)
$TobinQ_t$		0.0209 ***
		(7.60)
Con_t	0.0007	0.2507 ***
	(0.02)	(2.71)
Year	Yes	Yes
Industry	Yes	Yes
N	12185	12185
Adj. R^2	0.001	0.237

表4-5列示了管理层权力的调节效应结果。按照管理层权力大小进行分组，将管理层权力指数大于等于行业—年度中位数的视为管理层权力较大，得到5869个观测值，将管理层权力指数小于行业—年度中位数的视为管理层权力较小，得到5817个观测值，最大限度地保证了两组样本的均衡分布，减少样本的行业、年度差异和样本分布不均衡带来的结果偏差。从两组样本的回归结果来看，在管理层权力较大的组，年报问询函（Inquiry）的估计系数为-0.0168，且并不显著，在管理层权力较小的组，年报问询函（Inquiry）的估计系数为-0.0332，且在1%的显著性水平上显著，表明只有在管理层权力较小的情况下，年报问询函才能显著降低超

额现金持有。最后，从两组样本的组间系数差异及检验来看，两组样本的年报问询函（*Inquiry*）的系数差异为 − 0. 0164，这一差异在 10% 的水平上显著（P = 0. 09），表明两组样本的降低幅度之间存在显著的差异，由此支持 H2。

表 4 − 5　年报问询函与超额现金持有的调节效应：管理层权力

Y = *AbCashhold*$_t$	（1）管理层权力较大	（2）管理层权力较小
Inquiry$_t$	− 0. 0168	− 0. 0332 ***
	（ − 1. 50）	（ − 2. 90）
Cflow$_t$	0. 5465 ***	0. 8276 ***
	（6. 74）	（10. 92）
NWC$_t$	− 0. 3016 ***	− 0. 2803 ***
	（ − 6. 77）	（ − 6. 63）
Capex$_t$	− 0. 8219 ***	− 0. 9394 ***
	（ − 7. 57）	（ − 9. 28）
Age$_t$	− 0. 0244 *	− 0. 0074
	（ − 1. 76）	（ − 0. 48）
Size$_t$	0. 0007	− 0. 0094 *
	（0. 16）	（ − 1. 75）
Leverage$_t$	− 0. 4008 ***	− 0. 5135 ***
	（ − 9. 50）	（ − 11. 60）
TobinQ$_t$	0. 0286 ***	0. 0155 ***
	（6. 35）	（4. 86）
Con$_t$	0. 0764	0. 3891 ***
	（0. 63）	（2. 96）
Year	Yes	Yes
Industry	Yes	Yes
N	5869	5817
Adj. R^2	0. 225	0. 227
Difference between groups	P = 0. 09	

表 4 − 6 列示了市场化程度的调节效应结果。按照市场化程度高低进行

分组，将市场化程度得分高于行业—年度均值的视为市场化程度较高，得到 6610 个观测值，将得分低于行业—年度均值的视为市场化程度较低，得到 5574 个观测值，最大限度地保证两组样本的均衡分布，减少样本的行业、年度差异和样本分布不均衡带来的结果偏差。从两组样本的回归结果来看，在市场化程度较高的组，年报问询函（Inquiry）的估计系数为 −0.0350，且在 1% 的显著性水平显著，在市场化程度较低的组，年报问询函（Inquiry）的估计系数为 −0.0146，且并不显著，表明年报问询函对超额现金持有的降低作用仅在市场化程度较高的情况下成立。最后，从两组样本的组间系数差异及检验来看，两组样本的年报问询函（Inquiry）的系数差异为 −0.0204，并且这一差异在 10% 的水平上显著（P = 0.08），表明两组样本的降低幅度之间存在显著的差异。由此支持 H3。

表 4 − 6　年报问询函与超额现金持有的调节效应：市场化程度

$Y = AbCashhold_t$	(1) 市场化程度较高	(2) 市场化程度较低
$Inquiry_t$	− 0.0350 ***	− 0.0146
	(− 3.02)	(− 1.34)
$Cflow_t$	0.7492 ***	0.5980 ***
	(10.20)	(6.73)
NWC_t	− 0.3096 ***	− 0.2584 ***
	(− 7.18)	(− 5.14)
$Capex_t$	− 0.8899 ***	− 0.8719 ***
	(− 9.50)	(− 7.08)
Age_t	− 0.0114	− 0.0295 *
	(− 0.87)	(− 1.69)
$Size_t$	− 0.0082	− 0.0010
	(− 1.88)	(− 0.19)
$Leverage_t$	− 0.4724 ***	− 0.4396 ***
	(− 11.34)	(− 9.86)
$TobinQ_t$	0.0202 ***	0.0223 ***
	(6.47)	(4.74)

Y = *AbCashhold*$_t$	（1）市场化程度较高	（2）市场化程度较低
Con$_t$	0.3523	0.234*
	(3.12)	(1.73)
Year	Yes	Yes
Industry	Yes	Yes
N	6610	5574
Adj. R^2	0.247	0.225
Difference between groups	P = 0.08	

4.4.4　稳健性检验

1. Heckman 两阶段模型

由于是否收到年报问询函可能存在样本选择偏差，不是每一家被证券交易所进行年报审核的上市公司最后都会收到年报问询函，那些收到年报问询函的公司可能具有某些特定的特征，如内部控制存在缺陷，发生过财务重述等，这些潜在的特征变量会使估计结果产生偏误，从而影响结论的准确性。为此，使用 Heckman 两阶段模型控制样本选择偏差问题。参考陈运森等（2019）的研究，本书构建的第一阶段的估计模型如模型(4-2)所示，第二阶段的模型同模型（4-1）。

$$\begin{aligned}
Inquiry_{i,t} = {} & \beta_0 + \beta_1\, Industry\ mean_{i,t} + \beta_2\, Loss_{i,t-1} + \beta_3\, IC\ WEAKNESS_{i,t-1} \\
& + \beta_4\, TOP1_{i,t-1} + \beta_5\, Big4_{i,t-1} + \beta_6\, Age_{i,t-1} + \beta_7\, Size_{i,t-1} \\
& + \beta_8\, Leverage_{i,t-1} + \beta_9\, ROA_{i,t-1} \\
& + \beta_{10}\, Growth_{i,t-1} + \sum Year + \sum Industry + \varepsilon \quad\quad (4-2)
\end{aligned}$$

具体而言，在模型（4-2）中，选取的影响公司是否收到年报问询函的因素变量如下。

①行业均值（*Industry mean*）

行业内上市公司收到年报问询函的总体情况，等于与上市公司处于同行业同年度的公司收到年报问询函的均值。同行业公司收到年报问询函的情况可能会影响上市公司的收函可能性。同时，同行业的收函情况又与上市公司自身的超额在职消费情况没有直接关联，一定程度上满足工具变量的相关性和外生性，因此将其作为外生工具变量加入年报问询函的影响因素模型进行控制。

②是否亏损（*LOSS*）

若上市公司当年发生亏损，则取值为1，否则为0。研究表明，处在财务困境中的上市公司常常会生产出质量较差的财务报告（DeFond and Jiambalvo，1991；Dechow and Dichev，2002），因而更有可能受到证券监管机构的关注。因此，对上市公司的亏损情况进行控制。相较于盈利的公司，预期亏损公司更有可能收到年报问询函。

③内部控制缺陷（*IC WEAKNESS*）

若上市公司内部控制存在缺陷，则取值为1，否则为0。内部控制对公司的信息披露有着至关重要的作用，较差的内部控制很可能导致财务报告缺陷（Doyle et al.，2007）。Cassel 等（2013）以美国证监会发出的问询函为研究对象，发现当公司的内部控制更为有效时，其收到问询函的可能性更小，而且在收到问询函后能够更快地进行回复。余明桂和卞诗卉（2020）以我国证券交易所发出的问询函为研究对象，研究发现，内部控制质量会影响上市公司是否收到年报问询函。因此，将其列为问询函的影响因素之一，预期内部控制存在缺陷的公司更容易收到年报问询函。

④第一大股东持股比例（*TOP*1）

如上文对回归模型（4－1）中的控制变量解释所述，第一大股东是极其重要的，其对公司的影响可能是两方面的：随着大股东持股比例的增加，既有可能增强监督动机，也有可能强化"掏空"能力，因此将其列为问询函的影响因素之一并预期它的影响方向不确定。

⑤ "四大" 审计（*Big*4）

Gietzmann 和 Isidro（2013）研究表明，当上市公司被 "四大" 审计时，相较于被 "非四大" 审计的公司，其财务报告质量会更高，因而受到证监会关注程度会较低，监管的严厉程度相对较小。因此本书将其列为问询函的影响因素进行控制，预期被 "非四大" 审计的上市公司更容易收到问询函。

此外，还控制了公司年龄（*Age*）、公司规模（*Size*）、负债比率（*Leverage*）、总资产收益率（*ROA*）和公司成长性（*Growth*）这几个常见的公司财务变量，因为这些变量代表了公司的基本面情况，会对公司财务、公司治理以及公司的行为决策产生根本性的影响。最后，也控制了年度和行业固定效应。

Heckman 两阶段模型的回归结果如表 4 - 7 所示。第一阶段中，行业均值（*Industry mean*）的估计系数为 4.777，且在 1% 的显著性水平显著，表明行业内上市公司收到问询函的均值与上市公司是否收到年报问询函（*Inquiry*）显著正相关，行业均值（*Industry mean*）满足相关性假说。第二阶段中，在加入逆米尔斯比率（*Inverse Mills Ratio*，*IMR*）控制样本选择偏差后，*IMR* 的估计系数为 0.0259，且在 1% 的显著性水平上显著，表明此处已控制对估计结果造成偏误的问题，年报问询函（*Inquiry*）估计系数为 - 0.0161，且仍在 10% 的水平上负相关，与表 4 - 4 的主回归结果一致。

表 4 - 7　年报问询函与超额现金持有的 **Heckman** 两阶段模型回归结果

第一阶段		第二阶段	
Y = *Inquiry*$_t$		Y = *AbCashhold*$_t$	
Industry mean$_t$	4.7777 ***	*Inquiry*$_t$	- 0.0161 *
	(6.10)		(- 1.96)
LOSS$_{t-1}$	0.2457 ***	*Cflow*$_t$	0.5012 ***
	(3.08)		(8.83)

第一阶段		第二阶段	
Y = $Inquiry_t$		Y = $AbCashhold_t$	
$IC\ WEAKNESS_{t-1}$	0. 2301 ***	NWC_t	− 0. 2875 ***
	(4. 34)		(− 8. 02)
$TOP1_{t-1}$	− 0. 0074 ***	$Capex_t$	− 0. 8302 ***
	(− 4. 51)		(− 9. 87)
$Big4_{t-1}$	− 0. 2450 **	Age_t	0. 0065
	(− 2. 10)		(0. 60)
Age_{t-1}	0. 1294	$Size_t$	− 0. 0019
	(1. 54)		(− 0. 50)
$Size_{t-1}$	− 0. 1017 ***	$Leverage_t$	− 0. 4221 ***
	(− 4. 51)		(− 12. 92)
$Leverage_{t-1}$	0. 8083 ***	$TobinQ_t$	0. 0184 ***
	(5. 75)		(5. 85)
ROA_{t-1}	− 3. 8934 ***	IMR	0. 0259 **
	(− 7. 12)		(2. 18)
$Growth_{t-1}$	0. 0393 ***	Con_t	0. 0092
	(2. 80)		(0. 10)
Con_{t-1}	− 0. 7574		
	(− 1. 23)		
$Year$	Yes	$Year$	Yes
$Industry$	Yes	$Industry$	Yes
N	9898	N	9898
Pseudo R^2	0. 137	Adj. R^2	0. 215

2. PSM + DID 模型

本书采用 PSM + DID 模型控制潜在的内生性问题。本书将收到年报问询函视为一次连续事件，考察首次收到年报问询函的影响。首先，本书建立 Probit 模型，将在样本期间内从任意年份开始连续收到年报问询函的公司与从未收到过年报问询函的公司进行最近邻匹配。其中，在本章的主回归样本中，样本期间内从 2015 年、2016 年和 2017 年开始连续收到年报问询函的公司分别有 12 家、33 家和 51 家。参考陈运森等（2019）的研究，选取以下影响公司是否收到年报问询函的因素变量：是否亏损（*LOSS*）、内部控制缺陷（*INCONTR*）、第一大股东持股比例（*TOP*1）、"四大"审计（*Big*4）、公司年龄（*Age*）、公司规模（*Size*）、负债比率（*Leverage*）、总资产收益率（*ROA*）、公司成长性（*Growth*）以及行业和年份。本书将总样本以在样本期间内是否连续收到过年报问询函为标准划分为处理组和控制组，对收到年报问询函事件发生的上一年因素变量进行 Probit 回归，按照处理组公司得出的评分在控制组中分年份进行 1∶1 非重复配对。配对共得到 96 家处理组公司和 96 家控制组公司，共计 192 家公司。本书采用 Pstest 命令进行平衡测试，表 4 - 8 报告了配对平衡性测试的检验结果，从中可以看出控制组和处理组在所有影响因素上无显著差异，满足配对的平衡性假设。

表 4 - 8　年报问询函与超额现金持有的 PSM 样本匹配平衡性测试结果

变量	Means		P 值
	处理组	控制组	
	（收到问询函）	（未收到问询函）	
LOSS	0.4023	0.3678	0.64
INCONTR	0.3908	0.3793	0.88
*TOP*1	28.7140	26.6770	0.32
*Big*4	0.0115	0.0000	0.32
Age	2.9112	2.8767	0.46
Size	21.8000	21.7480	0.78
Leverage	0.5225	0.5253	0.93
ROA	− 0.0157	− 0.0053	0.40
Growth	0.8359	0.9036	0.85

其次，本书根据配对样本选择进行 DID 回归的样本，构建 DID 回归模型。本书选择收到年报问询函前后一年进行双重差分分析，选取处理组公

司及其对应的控制组公司在收到年报问询函前一年和后一年均不存在缺失值的样本进行 DID 回归，最终得到 71 家处理组公司和 71 家控制组公司，共计 142 家公司 284 个回归观测值。具体回归模型如模型（4 – 3）所示。

$$SYNCH_{i,t} = \beta_0 + \beta_1 Inquiry\ firm_{i,t} + \beta_2 Post_{i,t}$$
$$+ \beta_3 Inquiry\ firm \times Post_{i,t} + \beta_4 TOP1_{i,t}$$
$$+ \beta_5 Big4_{i,t} + \beta_6 Age_{i,t} + \beta_7 Boardsize_{i,t}$$
$$+ \beta_8 Size_{i,t} + \beta_9 Leverage_{i,t}$$
$$+ \beta_{10} ROA_{i,t} + \sum Year + \sum Industry + \varepsilon \quad (4 – 3)$$

其中，$Inquiry\ firm$ 为问询函公司，若公司在样本期间内从任意年份开始连续收到年报问询函，则取值为 1，否则为 0。$Post$ 为问询函年份，公司首次收到年报问询函之后的年份取值为 1，之前的年份取值为 0。回归结果如表 4 – 9 所示。第（1）列中，只控制年度、行业时，问询函公司和问询函年份的交乘项（$Inquiry\ firm \times Post$）的估计系数为 – 0.0722，且在 10% 的显著性水平上显著。第（2）列中，在控制其他影响因素之后，问询函公司和问询函年份的交乘项（$Inquiry\ firm \times Post$）的估计系数为 – 0.0666，且在 10% 的水平上显著，表明年报问询函显著降低超额现金持有，与表 4 – 4 的主回归结果一致。

表 4 – 9　年报问询函与超额现金持有的 PSM + DID 的回归结果

$Y = AbCashhold_t$	（1）	（2）
$Inquiry\ firm_i$	– 0.0249	– 0.0260
	（– 0.54）	（– 0.60）
$Post_t$	0.0797	– 0.0351
	（0.93）	（– 0.34）
$Inquiry\ firm_i \times Post_t$	– 0.0722 *	– 0.0666 *
	（– 1.82）	（– 1.80）
$Cflow_t$		0.0185
		（0.07）

续表

Y = AbCashhold_t	(1)	(2)
NWC_t		-0.3843
		(-1.59)
$Capex_t$		-0.8587 **
		(-2.42)
Age_t		0.0863
		(1.33)
$Size_t$		-0.0298
		(-1.24)
$Leverage_t$		-0.7331 **
		(-2.19)
$TobinQ_t$		0.0020
		(0.21)
Con_t	0.172 **	0.8501
	(2.55)	(1.44)
Year	Yes	Yes
Industry	Yes	Yes
N	284	284
Adj. R^2	0.003	0.204

4.4.5　进一步研究

Ryans（2020）的研究发现问询函的信息含量存在差异。由于不同的问询函所针对的问题不同，这一特征差异会影响上市公司的行为，从而影响证券监管的效率和效果。考虑到年报问询函特征也会影响其监管效果，当年报问询函包含的问题数量越多以及年报问询函要求中介机构发表核查意见时，年报问询函的严重程度越高、监管的强度越大，因而监管的效果可能越好（陈运森等，2019）。因此，进一步考察问题数量（*Inquiry num*）、是否需要发表核查意见（*Inquiry verify*）这两个变量对超额现金持有的影响。

首先，当年报问询函包含的问题数量更多时，上市公司在进行回函时需要付出更多的努力、搜集和披露更多的信息，从而导致年报问询函对上市公司的信息不对称的降低程度更大，即年报问询函通过降低信息不对称来降低超额现金持有的程度更大。

其次，相较于没有要求中介机构发表核查意见的年报问询函，要求审计师、律师、评估师等信息中介发表核查意见的年报问询函更有利于提高上市公司披露的信息的可理解性和可靠性，从而更有利于降低超额现金持有。

表 4-10 报告了年报问询函特征与超额现金持有的回归结果。第（1）列中，问题个数（$Inquiry\ num$）估计系数为 -0.0107，且在 1% 的显著性水平上显著，说明相较于未被问询的公司，被问询公司收到的年报问询函包含的问题数量越多，超额现金持有水平越低。第（2）列中，是否需要发表核查意见（$Inquiry\ verify$）估计系数为 -0.0303，且在 1% 的显著性水平上显著，说明相较于未被问询的公司，被问询公司收到的年报问询函需要中介机构发表核查意见时，超额现金持有水平越低。

表 4-10　年报问询函特征与超额现金持有的回归结果

$Y = AbCashhold_t$	（1）	$Y = AbCashhold_t$	（2）
$Inquiry\ num_t$	-0.0107 ***	$Inquiry\ verify_t$	-0.0303 ***
	(-3.21)		(-3.32)
$Cflow_t$	0.6885 ***	$Cflow_t$	0.6895 ***
	(11.94)		(11.99)
NWC_t	-0.2822 ***	NWC_t	-0.2820 ***
	(-8.40)		(-8.41)
$Capex_t$	-0.8797 ***	$Capex_t$	-0.8765 ***
	(-11.42)		(-11.45)
Age_t	-0.0175	Age_t	-0.0175
	(-1.60)		(-1.60)

续表

Y = $AbCashhold_t$	（1）	Y = $AbCashhold_t$	（2）
$Size_t$	-0.0052	$Size_t$	-0.0051
	（-1.48）		（-1.45）
$Leverage_t$	-0.4541 ***	$Leverage_t$	-0.4555 ***
	（-14.54）		（-14.56）
$TobinQ_t$	0.0209 ***	$TobinQ_t$	0.0209 ***
	（7.62）		（7.62）
Con_t	0.1987 **	Con_t	0.1973 **
	（2.09）		（2.08）
Year	Yes	Year	Yes
Industry	Yes	Industry	Yes
N	12185	N	12185
Adj. R^2	0.237	Adj. R^2	0.237

4.4.6 作用机制分析

根据上文的分析，年报问询函通过缓解信息不对称降低超额现金持有。具体来说，年报问询函缓解信息不对称的方式包括提高信息披露数量、质量和吸引媒体关注两种。因此，根据年报问询函缓解信息不对称的方式进行作用机制分析。

参考陈冬华和姚振晔（2018）、伊志宏等（2019）的研究，使用股票换手率（Turnover）和媒体关注（Media）来衡量公司的信息不对称。自变量为年报问询函（Inquiry）。选取以下变量为控制变量：第一大股东持股比例（TOP1）、"四大"审计（Big4）、公司年龄（Age）、董事会规模（Boardsize）、公司规模（Size）、负债比率（Leverage）、总资产收益率（ROA）。回归结果如表 4-11 所示。采用股票换手率（Turnover）为因变量时，年报问询函（Inquiry）的估计系数为 0.0525，并且在 10% 的显著性水平上显著，说明年报问询函会降低信息不对称。采用媒体报道（Media）

为因变量时，年报问询函（*Inquiry*）的估计系数为 0.3415，并且在 1% 的显著性水平上显著，说明年报问询函会增加媒体关注。

表 4 – 11　年报问询函与信息不对称的回归结果

变量	$Y = Turnover_t$	$Y = Media_t$
$Inquiry_t$	0.0525 *	0.3415 ***
	(1.73)	(8.97)
$TOP1_t$	− 0.0151 ***	− 0.0011
	(− 17.61)	(− 1.01)
$Big4_t$	− 0.0721	0.6222 ***
	(− 1.54)	(6.36)
Age_t	− 0.0029	− 0.0893 *
	(− 0.07)	(− 1.71)
$Boardsize_t$	− 0.2859 ***	− 0.2519 ***
	(− 4.03)	(− 2.86)
$Size_t$	− 0.3289 ***	0.4136 ***
	(− 24.59)	(23.22)
$Leverage_t$	0.5992 ***	− 0.0336
	(6.90)	(− 0.35)
ROA_t	− 1.9001 ***	0.6217 ***
	(− 8.19)	(2.98)
Con_t	9.8922 ***	− 4.8354 ***
	(34.41)	(− 11.71)
Year	Yes	Yes
Industry	Yes	Yes
N	12067	11894
Adj. R^2	0.439	0.326

4.5 本章小结

本章从超额现金持有的视角考察年报问询函对公司行为的影响。将 2015—2018 年 A 股上市公司作为样本，研究了年报问询函对超额现金持有的影响及作用机制，发现年报问询函可以降低超额现金持有。进一步研究发现，年报问询函对超额现金持有的降低作用在管理层权力较小的公司和市场化程度较高的地区更为显著；当年报问询函中包含的问题数量越多、年报问询函需要中介机构发表核查意见时，年报问询函对超额现金持有的降低效果越明显。最后，作用机制表明，年报问询函通过提高信息披露数量、质量和吸引媒体关注这两种方式来降低超额现金持有。

本章拓展了年报问询函的经济后果研究和超额现金持有的影响因素研究，有助于投资者全面理解年报问询函这一监管方式及监管效果。本章的结果表明，年报问询函可以发挥监管作用，影响上市公司的现金持有决策，减少上市公司的超额现金持有；并且当年报问询函性质越严重时，其对公司超额现金持有行为的监管效果越好。

第 5 章　年报问询函与超额在职消费

5.1　引言

在职消费是公司管理层在履职过程中发生的应由公司支出的货币消费及由此派生出的其他消费（卢锐等，2008）。在职消费并不是以现金的形式直接支付给管理层，而是一种非货币形式的消费，如私人用车、更好的住房等；在职消费没有规定的契约，因而具有较大的监管难度和较高的监管成本（Chen et al.，2009）。正常水平的在职消费是经理人契约不完备的产物，能够提升高管的办事效率、满足公司的正常经营需要（陈冬华等，2005）。然而，在我国资本市场上，由于管理层货币薪酬较低、股权激励制度发展不成熟和市场监管不完善，在职消费在部分上市公司存在被滥用甚至失控的情况，超额在职消费的问题十分严重（陈冬华等，2005）。超额在职消费指公司实际在职消费超过正常在职消费水平（Luo et al.，2011），是管理层侵占公司资源和剥夺股东权益的一种手段（Hart，2001）。大量的研究文献证实了管理层通过在职消费谋取个人私利。Jensen和 Meckling（1976）以及 Jensen（1986）研究表明，管理层之所以敢于通过超额在职消费项目来滥用公司盈余从而达到为个人谋福利的目的，是因为这一行为比较难以被外部投资者察觉，并且由于在职消费的产生没有既定的契约，在职消费的金额在列报和披露时常常存在少报、漏报的情形。较高的超额在职消费会产生严重的经济后果：首先，在职消费在一定程度上表示公司拥有较多的自由现金流却不知道如何合理使用（Jensen，1986），超额在职消费就如同过度投资、松弛管理和散漫经营等是一种浪费公司资源的行为，超额在职消费会降低公司的运营效率（Luo et al.，2011）；其次，超额在职消费是官员腐败的一种重要表现（周黎安和陶婧，2009；翟胜宝等，2015）；最后，超额在职消费是经营者和外部股东代理冲突的一种表现（Jensen and Meckling，1976；Yermack，2006）。因此，考察超额在职消费的影响因素在我国资本市场上具有重要的现实意义。

年报问询函是证券交易所强化事后监管、优化信息披露和提高信息披露的决策有用性的重要手段。研究表明，年报问询函会提升上市公司面临的监管压力（陈运森等，2019），引发媒体、中介和公众对被问询公司的监督（陈运森等，2018a），从而对上市公司的股价崩盘风险（张俊生等，2018）、业绩预告质量（李晓溪等，2019a）、财务报告质量（陈运森等，2019）、审计质量（陈运森等，2018b）等发挥监管作用。研究还表明，超额在职消费行为与公司的信息不对称环境存在密切关系（廖歆欣和刘运国，2016）。公司的信息不对称越严重，越有可能为超额在职消费行为提供庇护，从而导致较高的超额在职消费。公司的内外部监督机制越有效，越有可能抑制管理层的机会主义倾向，减少管理层通过超额在职消费谋取个人私利的行为。因此，年报问询函会影响超额在职消费。相较于未收到年报问询函的公司，收到年报问询函的公司会面临更高的监管压力、进行更多的补充披露和解释说明以及受到更多的媒体关注，从而有利于降低信息不对称，进而减少超额在职消费。然而目前尚未有从超额在职消费的视角出发探讨年报问询函的监管效果的相关研究。

本章以 2015—2018 年我国 A 股上市公司为研究对象，考察了年报问询函对超额在职消费的监管效果。研究发现，年报问询函会显著降低超额在职消费。通过 Heckman 两阶段模型和 PSM 模型的检验后，结果依然稳健。进一步研究表明，年报问询函对超额在职消费的监管效果在内部控制质量较好的企业和非国有企业中更为显著；并且年报问询函中包含的问题个数越多、年报问询函需要中介机构发表核查意见，年报问询函对超额在职消费的降低效果越明显。最后，作用机制表明，年报问询函通过缓解信息不对称来降低超额在职消费。

本章可能的贡献在于：第一，丰富了超额在职消费的影响因素的相关文献。以往的研究主要从信息不对称和内外部监督入手，探讨了外部监管政策如薪酬管制（陈冬华等，2005）和在职消费监管（郝颖等，2018）、公司内部特征如公司战略（王化成等，2019）、内部控制（牟韶红等，2016）、控股股东股权质押（池国华和郭芮佳，2020）和公司避税（廖歆欣和刘运国，2016），管理层特征如管理层权力（卢锐等，2008；张铁铸和沙曼，2014）和管理层能力（张铁铸和沙曼，2014），内外部监督治理机制如政府审计（褚剑和方军雄，2016）、银行持股（Luo et al.，2011）、媒体监督（翟胜宝等，2015；耿云江和王明晓，2016；薛健等，2017）、机构投资者（李艳丽等，2012）和股票卖空压力（刘飞和杜建华，2020）等因素对超额在职消费的影响。尚未有研究考察年报问询函对超额在职消费的影响。第二，丰富了年报问询函的有关文献，拓展了年报问询函的经济后果研究。现有的文献从信息披露监管的角度考察了年报问询函对公司财务特征如业绩预告质量（李晓溪等，2019a）、内幕交易行为（Dechow et al.，2016）、公司避税（Kubick et al.，2016）、财务报告质量（陈运森等，2019）、股价崩盘风险（张俊生等，2018）和 IPO 价格（Li and Liu，2017），审计特征如审计费用（陈硕等，2018）、审计质量（陈运森等，2018b）和审计师行为决策（彭雯等，2019）等因素的影响，尚未有研究从年报问询函的视角考察其对超额在职消费的影响。第三，本章的研究结论具有较好的实践意义。研究结果表明，年报问询函可以显著降低超额在职消费，为监管机构加强问询函监管提供了经验证据，同时为进一步促进资本市场健康发展提供了启示。

5.2 研究假设

当在职消费的金额超过公司正常的经营需要时，会产生较高的超额在职消费。本书认为，年报问询函可以通过缓解投资者和管理层之间的信息不对称，促进外部股东对管理层在职消费行为的监督，从而降低超额在职消费。

相较于工资、奖金、股票期权等显性薪酬，在职消费属于隐性薪酬。一方面，在职消费包括了差旅费、办公费、小车费、交际应酬费等多个项目，其形式更为多元，不直接体现为货币（陈冬华等，2005）且缺少明确的契约规定（陈冬华等，2010），因而在职消费具有较强的主观判断性和较高的自由裁量权（陈冬华等，2010）。高管人员可以通过在职消费项目报销私人支出，并将其转嫁为公司费用（王曾等，2014）。另一方面，在职消费主要计入管理费用和销售费用，并且仅在年报中选择性地披露大额项目，使外部投资者难以较为准确地识别在职消费的金额和目的，因而难以对管理层的超额在职消费行为进行有效监督。研究表明，信息不对称会增强管理层进行在职消费的动机，加大外部股东对在职消费的监督难度（廖歆欣和刘运国，2016），从而形成较高的超额在职消费。信息不对称影响在职消费主要通过以下两种机制。其一，信息不对称为管理层通过增加在职消费来实现自身效用的最大化提供了便利（廖歆欣和刘运国，2016），从而加剧了管理层和股东之间的委托代理冲突，引发了管理层的机会主义行为，增强了管理层通过在职消费将个人支出转嫁为公司费用的动机；其二，信息不对称也提高了外部投资者的信息搜集成本（顾娟和刘建洲，

2004），降低了投资者对在职消费的识别和监督能力。Grinstein 等（2017）研究表明，当美国证监会出台新规要求上市公司加强管理层在职消费的信息披露后，在职消费的规模显著下降。

年报问询函是证券交易所进行信息披露监管的重要方式，上市公司收到年报问询函有助于缓解信息不对称。首先，年报问询函有利于增加在职消费信息披露的数量、提高在职消费信息披露的质量，降低信息不对称。证券交易所向上市公司发出年报问询函时，会要求上市公司针对管理费用和销售费用中的业务招待费、办公费等项目进行详细披露，针对各项费用的变动情况进行解释说明以及要求审计师、律师、评估师等中介机构补充核查并发表独立意见，有利于缓解管理层和外部投资者之间关于在职消费的信息不对称。其次，年报问询函有利于吸引媒体关注，增加投资者接收到的在职消费信息，提升上市公司的治理效率，从而降低信息不对称。一方面，媒体是一种有效的信息中介（Miller，2006），能够向投资者传递更多的在职消费信息，提升投资者的信息解读能力，从而降低信息不对称；另一方面，媒体是一种有效的监督机制（Dyck et al.，2008；Liu and Mcconnell，2013），媒体报道能够影响公司声誉（翟胜宝等，2015），对公司起到威慑作用（薛健等，2017），从而减少不当行为的发生，降低信息不对称。

基于以上分析，提出假设 H4。

H4：年报问询函降低超额在职消费。

根据上文的分析，年报问询函通过缓解信息不对称，促进外部股东对管理层的监督降低超额在职消费。由于内部控制质量会直接影响年报问询函的治理效果（陈运森等，2018b；聂萍和潘再珍，2019），本书进一步分析内部控制质量的调节效应。研究表明，内部控制是保证公司财务报告可靠性和遵守法律法规的重要手段，内部控制质量会影响监管政策的执行效果（刘浩等，2015）。根据美国 COSO 提出的内部控制概念框架，内部控制包括内部环境、风险评估、控制活动、信息沟通和内部监督五个要素。其中，控制活动要求公司完善资金、财产管理等制度，信息沟通促使上市公司建立良好的内外部信息沟通渠道，内部监督有利于公司及时发现并纠正重大缺陷（牟韶红等，2016）。相较于内部控制质量较低的情形，当公司的内部控制质量较高时，首先，公司的资金和财产管理制度更为健全，现金支出流程更为严密，因而能够更有效地按照年报问询函的要求进行在职消费信息的核查和管控，从而更好地缓解信息不对称和降低超额在职消费；其次，公司的内外部信息沟通更为及时使公司在收到年报问询函后能够更有效、更及时地进行在职消费信息披露，外部股东能够更为准确地分辨高管的超额在职消费行为，进而强化对这类行为的监督，降低超额在职消费；最后，公司的内部监督更为完善使公司在收到年报问询函后能够更好地发现潜在的在职消费控制缺陷，完善在职消费的内部监督，从而降低超额在职消费。

基于以上分析，提出假设 H5。

H5：相较于内部控制质量较差的公司，内部控制质量较好的公司年报问询函对超额在职消费的影响更强。

研究表明，企业与政府的关系会影响证券监管的效果（陈信元等，2009；许年行等，2013；陈运森等，2019）。为了更好地理解年报问询函对超额在职消费的治理效应，进一步分析产权性质的调节效应。一方面，资本市场监管机构对国有企业的监管建立在一定的政治目标而非经济目标上（袁振超等，2014），相较于非国有企业，国有企业由政府最终控制，存在一种天然的政治关联，这种政治关联会影响监管的及时性和独立性，使有政治关联的企业在受到政策监管时存在时滞以及受到保护，从而降低了证券监管的执法效率（陈信元等，2009；许年行等，2013）。Anderson（2000）研究发现，相较于与政府联系不紧密的公司，当与政府联系紧密的公司违规时，处罚得不到更有效的执行。另一方面，国有银行基于政治、社会稳定和税收动机会给予国有企业更多的优待（Brandt and Li, 2003），与非国有企业相比，国有企业存在相对更高的融资便利、更低的融资成本以及更多的金融支持（宋增基等，2014；杨星等，2016），使国有企业在面临监管时可能缺乏通过提高信息披露的质量、缓解信息不对称来获取融资便利的动机。因此，与非国有企业相比，国有企业在收到年报问询函时，对年报问询函要求的补充披露、解释说明等事项的执行效果可能较弱，降低信息不对称的程度可能较低，促进外部股东对超额在职消费监督的效果可能不太明显，即年报问询函对超额在职消费的监督作用在非国有企业中更为显著。

基于以上分析，提出假设 H6。

H6：相较于国有企业，非国有企业年报问询函对超额在职消费的影响更强。

5.3 研究设计

5.3.1 样本与数据来源

由于上海证券交易所和深圳证券交易所网站披露的年报问询函数据起始年份为 2015 年，本章选取 2015—2018 年的所有 A 股上市公司作为初始样本，并经过如下筛选：（1）剔除金融行业样本；（2）剔除数据缺失的样本。最终得到 11507 条观测值，共计 3390 家上市公司。本书的年报问询函和在职消费数据来源于中国研究数据服务平台（CNRDS）数据库，内部控制数据来源于迪博内部控制与风险管理（DIB）数据库。其他数据来源于国泰安（CSMAR）数据库和锐思（RESSET）数据库。为剔除异常值的影响，本书对所有连续变量进行了 1% 的缩尾处理。

5.3.2　回归模型和变量

为了验证本书的假设 H4，构建了模型（5-1）：

$$Abperk_{i,t} = \beta_0 + \beta_1 Inquiry_{i,t} + \beta_2 TOP1_{i,t} + \beta_3 Cash_{i,t}$$
$$+ \beta_4 Indir_{i,t} + \beta_5 Boardsize_{i,t} + \beta_6 Institution_{i,t}$$
$$+ \beta_7 Pay_{i,t} + \beta_8 Size_{i,t} + \beta_9 Leverage_{i,t} + \beta_{10} ROA_{i,t}$$
$$+ \sum Year + \sum Industry + \varepsilon \tag{5-1}$$

对于模型（5-1）中各变量的解释如下：

（1）因变量：超额在职消费（*Abperk*）。参考 Luo 等（2011）、权小锋等（2010）、王化成等（2019）的研究，本书采用实际发生的管理层在职消费与由经济因素决定的管理层预期正常在职消费之间的差额衡量。其中，管理层预期正常在职消费的估计公式如下：

$$\frac{Perk_t}{Asset_{t-1}} = \beta_0 + \beta_1 \frac{1}{Asset_{t-1}} + \beta_2 \frac{\Delta Sales_t}{Asset_{t-1}} + \beta_3 \frac{PPE_t}{Asset_{t-1}} + \beta_4 \frac{Inventory_t}{Asset_{t-1}}$$
$$+ \beta_5 Ln\,Employee_t + \varepsilon \tag{5-2}$$

其中，$Perk_t$ 为在职消费，等于上市公司当年在职消费的金额。本书的在职消费数据来源于中国研究数据服务平台（CNRDS）中的异常收支数据库—高管在职消费—直接法数据库。这一数据的原始出处为上市公司财务报表附注中的"支付的其他与经营活动有关的现金流量"项目。参考前人的研究（陈冬华等，2005，2010），首先在 CNRDS 数据库中提取了业务招待费、差旅费、办公费、交际应酬费、通信费、出国培训费、董事会会费、小车费和会议费作为在职消费项目（采用这一划分方法的原因在于这些项目容易成为高管人员谋取私利的方式，容易成为高管人员报销私人支出的理由），其次根据这些科目的对象将其归类为管理费用和销售费用下的数据。本书采用的处理方法为将各在职消费子项目金额按公司—年度加总得到上市公司当年在职消费的金额。$Asset_{t-1}$ 为期初总资产；$\Delta Sales_t$ 为本期主营业务收入的变动额，等于本期主营业务收入减去上期主营业务收入的差值除以上期主营业务收入；PPE_t 为本期厂房设备等固定资产净值，等于本期固定资产净额、在建工程净额、工程物资和固定资产清理的总和；$Inventory_t$ 为本期存货总额；$LnEmployee_t$ 为公司员工人数的自然对数。在计算时，先利用模型（5-2）对样本进行分年度分行业回归，得出的因变量预测值即为正常的在职消费，然后计算得出实际在职消费与正常在职消费的差值，即为超额在职消费。

（2）自变量：$Inquiry$ 为年报问询函，表示公司是否收到年报问询函。参考陈运森等（2019）的研究，$Inquiry$ 为虚拟变量，若公司当年收到年报问询函，则取值为1，否则为0。

（3）调节变量：$INCONTR$ 为内部控制质量高低，采用迪博数据库的内部控制指数衡量，本书将公司的内部控制质量得分高于年度—行业中位数的视为内部控制质量高，否则视为内部控制质量低。SOE 为产权性质，若公司为国有企业，则取值为1，否则为0。

（4）控制变量：参考现有的文献，公司财务特征和公司治理特征会影响在职消费（Rajan and Wulf，2006；Yermack，2006；Huang and Xu，2009；Chen et al.，2009；Andrews et al.，2017；Grinstein et al.，2017）。因此，参考陈冬华等（2005）、褚剑和方军雄（2016）、王化成等（2019）的研究，本书在模型中加入了影响管理层在职消费的其他因素。具体包括：

①第一大股东持股比例（$TOP1$）

上市公司第一大股东持股情况。第一大股东对上市公司而言是极其重要的，尤其在我国资本市场上，第一大股东持股比例普遍较高（平均为32.33%）。第一大股东持股比例对上市公司的作用是两方面的，一方面，大股东对上市公司具有监督作用，随着大股东持股比例的上升，大股东会有更大的动力监督管理层，减少管理层的超额在职消费，降低代理风险；

另一方面，大股东若存在"掏空"上市公司的动机，随着持股比例的上升，大股东"掏空"上市公司的能力越来越强，因而也有可能产生更多的在职消费。

②现金持有（*Cash*）

上市公司持有的现金及现金等价物情况。以往的研究发现（Jensen，1986），在职消费在一定程度上也是公司拥有较多的自由现金流却不知道如何合理使用的表现，较高的现金持有和自由现金流很可能会诱发管理层进行超额在职消费。因此，通过控制现金持有情况来控制这一因素的潜在影响。

③独立董事比例（*Indir*）

以往的研究表明，公司治理水平会影响在职消费（Rajan and Wulf，2006），一方面，公司治理较好的公司更有可能抑制管理层的机会主义行为；另一方面，公司治理较好的公司在职消费相关的信息披露工作会做得更好，更有利于外部投资者对超额在职消费的监督。

④董事会规模（*Boardsize*）

上市公司董事会规模。董事会规模对在职消费的影响可能是两面的。一方面，参考独立董事比例的逻辑，预期董事会规模越大，上市公司治理情况可能越好，董事会的监督作用会越强，即董事会规模越大，超额在职消费越低。另一方面，由于上市公司所有重大的决策都必须通过董事会的同意，董事们通过董事会的投票决议对管理层的行为起到监督控制作用。董事会的规模越大，董事会的权力越分散，董事之间越难以形成一致的决策，此时董事会的监督作用会减弱，超额在职消费越高。

⑤机构投资者持股比例（*Institution*）

上市公司机构投资者持股情况。相较于一般的投资者，机构投资者具有更大的信息优势和更强的监督能力，因而常常被视为有效的监督机制（伊志宏和李艳丽，2013）。预期在机构投资者持股比例更高的公司，监督作用更强,超额在职消费更低。

⑥高管薪酬(*Compensation*)

上市公司高管薪酬情况。高管薪酬对超额在职消费的影响是两方面的。一方面高管薪酬可能是公司业绩或者管理层能力的表现,高管薪酬越高,说明公司业绩越好或管理层能力越强,此时公司可能会提供更多的职务性消费,管理层可能借机进行更多的超额在职消费,即高管薪酬越高,超额在职消费越高。另一方面,根据 Fama(1980)的薪酬契约补偿假说,在职消费是一种非货币性薪酬,用以补充总薪酬的个人福利部分。通常情况下,管理层在预计到现金性薪酬短缺的情况下会进行较多的在职消费来补偿短缺的那部分,此时在职消费对于货币性薪酬较少的公司的管理层来说价值更高,即高管薪酬越低,超额在职消费越高。

⑦公司规模(*Size*)

上市公司的规模。规模反映了公司的基本面,对公司财务、公司治理等方方面面的行为都可能产生影响。公司规模对超额在职消费的影响可能是两个方面的。一方面,超额在职消费可能表现规模效应,规模较大的公司超额在职消费越普遍,即公司规模正向影响超额在职消费;另一方面,规模较大的公司信息披露制度更为完善,公司的信息不对称程度更低,不利于管理层通过在职消费攫取更多的个人私利,从而抑制超额在职消费,即公司规模负向影响超额在职消费。

⑧负债比率(*Leverage*)

上市公司的负债情况。与规模变量类似,负债比率对上市公司的诸多行为也会产生影响。具体到超额在职消费的情形,其影响可能是两个方面的。一方面,当公司的负债比率较高时,公司可能会受到更多的来自债权人的监督,在一定程度上能够减轻公司的代理问题,从而减少超额在职消费;另一方面,当公司的负债比率过高时,公司的财务风险增加,影响公司的信息环境,从而产生较多的超额在职消费。

⑨总资产收益率（ROA）

上市公司的盈利情况。在职消费是另一种形式的薪酬（非货币性薪酬），会受到公司业绩的影响。公司业绩对在职消费的影响可能是两方面的。一方面，当公司的业绩较好时，上市公司可能会基于此主动给管理层提供更多的职务性消费，管理层可能会趁机进行更多的超额在职消费，从而增加超额在职消费；另一方面，当公司的业绩较差时，管理层可能因为货币性薪酬的减少通过在职消费谋取更多的个人福利，从而产生较高的超额在职消费。

同时，本书在模型（5-1）中加入行业哑变量（Industry）和年份哑变量（Year）分别控制行业和年份效应。

所有变量的具体定义见表5-1。

表5-1　年报问询函与超额在职消费的变量定义

变量	符号	定义
超额在职消费	Abperk	管理层在职消费与由经济因素决定的管理层预期正常在职消费之间的差额
年报问询函	Inquiry	若公司当年收到年报问询函，则取值为1，否则为0
第一大股东持股比例	TOP1	第一大股东持股数量除以公司总股数
现金持有	Cash	公司现金及现金等价物除以总资产
独立董事比例	Indir	独立董事人数除以董事会总人数
董事会规模	Boardsize	公司董事会总人数的自然对数
机构投资者持股比例	Institution	机构投资者持股数量除以A股总股数
高管薪酬	Compensation	公司高管前三名薪酬总额的对数
公司规模	Size	公司总资产的自然对数
负债比率	Leverage	公司总负债与总资产的比值
总资产收益率	ROA	公司净利润与总资产的比值
行业均值	Industry mean	同行业公司收到年报问询函的均值
内部控制质量高低	INCONTR	公司内部控制质量的评分高低，采用迪博内部控制指数衡量，若公司内部控制质量评分高于年度—行业中位数，则取值为1，否则为0

变量	符号	定义
产权性质	*SOE*	若为国有企业，则取值为1，否则为0
是否亏损	*LOSS*	若公司当年发生亏损，则取值为1，否则为0
内部控制缺陷	*IC WEAKNESS*	若公司内部控制存在缺陷，则取值为1，否则为0
"四大"审计	*Big4*	若公司被"四大"会计师事务所审计，则取值为1，否则为0
公司年龄	*Age*	观测值年份减去公司成立年份的自然对数
公司成长性	*Growth*	公司营业总收入的增长率

为了检验 H4，使用全样本对模型（5−1）进行回归，若年报问询函（*Inquiry*）的系数 β_1 显著小于0，则年报问询函会降低超额在职消费，H4 得证。

为了检验 H5，使用迪博内部控制指数衡量公司的内部控制质量。将超过行业—年份中位数的视为内部控制质量较好的组，否则视为内部控制质量较差的组。将两组样本分别按照模型（5−1）进行回归，并对年报问询函（*Inquiry*）的系数进行组间差异检验，以验证在不同的内部控制质量下，年报问询函和超额在职消费之间的关系是否存在显著差异。

为了检验 H6，按照上市公司的产权性质将样本划分为国有企业和非国有企业，将两组样本分别按照模型（5−1）进行回归，并对并对年报问询函（*Inquiry*）的系数进行组间差异检验，以验证在不同的产权性质下，年报问询函和超额在职消费之间的关系是否存在显著差异。

5.4　实证分析

5.4.1　描述性统计

年报问询函与超额在职消费的描述性统计结果如表5−2所示。首先，因变量和自变量的描述性统计结果显示：超额在职消费（*Abperk*）的均值为 −0.0001，最小值为 −0.0130，最大值为 0.0366，说明不同公司间的超额在职消费存在明显差异。年报问询函（*Inquiry*）的均值为 0.0926，说明在样本期间内，收到年报问询函的观测值约占样本总量的 9.26%。其次，从控制变量的描述性统计结果中可以看出：在公司治理层面，第一大股东持股比例（*TOP*1）的均值为 0.3233，表明在本书的样本期间内，每家上市公司的第一大股东平均持有 32.33% 的股份；现金持有（*Cash*）的均值为 0.1464，表明样本期间内，上市公司持有的现金及现金等价物占总资产的平均比重约为 14.64%；独立董事比例（*Indir*）的平均值为 0.3770，表示样本期间内，上市公司的董事会中独立董事的平均占比约为 37.70%；董事会规模（*Boardsize*）的均值为 2.2297；机构投资者持股比例（*Institution*）的均值为 0.3904，表明样本期间内，平均每家上市公司的机构投资者持有的股份约为 39.04%；高管薪酬（*Compensation*）的均值为 14.3997。在公司财务层面，公司规模（*Size*）的均值为 22.2381；负债比率（*Leverage*）的均值为 0.4320，表明样本期间内，平均而言，上市公司的负债约占其资产的 43.20%；总资产收益率（*ROA*）的均值为 0.0298，说明样本期间内，平均而言，上市公司的净利润约占其总资产的 2.98%。最后，调节变量的描述性统计结果显示：内部控制质量高低（*INCONTR*）均值为 0.5000，表明在样本期间内，有一半的观测值内部控制质量较高，另一半的观测值内部控制质量较低。产权性质（*SOE*）的均值为 0.3516，表明在样本期间内，国有企业的观测值占样本总量的 35.16%。

表5−2　年报问询函与超额在职消费的描述性统计

变量	观测值	均值	标准差	最小值	25%	中位数	75%	最大值
Abperk	11507	−0.0001	0.0077	−0.0130	−0.0043	−0.0014	0.0017	0.0366
Inquiry	11507	0.0926	0.2899	0.0000	0.0000	0.0000	0.0000	1.0000
*TOP*1	11507	0.3233	0.1390	0.0872	0.2136	0.3021	0.4154	0.6994
Cash	11507	0.1464	0.1132	0.0075	0.0669	0.1158	0.1916	0.5524

续表

变量	观测值	均值	标准差	最小值	25%	中位数	75%	最大值
Indir	11507	0.3770	0.0546	0.3333	0.3333	0.3636	0.4286	0.5714
Boardsize	11507	2.2297	0.1771	1.7918	2.0794	2.3026	2.3026	2.7081
Institution	11507	0.3904	0.2527	0.0024	0.1560	0.3887	0.6003	0.8941
Compensation	11507	14.3997	0.6787	12.8175	13.9535	14.3717	14.8036	16.2182
Size	11507	22.2381	1.2538	19.7219	21.3766	22.1211	22.9763	25.8882
Leverage	11507	0.4320	0.2118	0.0596	0.2633	0.4208	0.5816	0.9450
ROA	11507	0.0298	0.0688	-0.2928	0.0115	0.0325	0.0602	0.1867
INCONTR	11343	0.5000	0.5000	0.0000	0.0000	1.0000	1.0000	1.0000
SOE	11127	0.3516	0.4775	0.0000	0.0000	0.0000	1.0000	1.0000

5.4.2 相关性分析

年报问询函与超额在职消费的相关系数表如表5-3所示。首先，从主测试变量的结果来看，年报问询函（*Inquiry*）和超额在职消费（*Abperk*）的 Pearson 和 Spearman 相关系数分别为 -0.0585 和 -0.0542，且均在1%的水平上显著，说明年报问询函（*Inquiry*）变量与超额在职消费（*Abperk*）变量之间存在显著的负向相关关系。其次，结合控制变量的结果来看，第一大股东持股比例（*TOP1*），董事会规模（*Boardsize*）、机构投资者持股比例（*Institution*）、公司规模（*Size*）、负债比率（*Leverage*）与超额在职消费（*Abperk*）均呈显著负相关关系，现金持有（*Cash*）、高管薪酬（*Compensation*）、总资产收益率（*ROA*）与超额在职消费（*Abperk*）均呈显著正相关关系。以上数据说明，总体而言，当其他因素保持不变时，当第一大股东持股比例越高、董事会的规模越大、机构投资者持股比例越高、公司规模越大、负债比率越高时，超额在职消费水平越低，而当公司的现金持有水平越高、高管薪酬越多以及总资产收益率越高时，超额在职消费水平越高。

在方差膨胀因子检验中，公司规模（*Size*）变量的数值最大，具体值为2.01，远低于多元回归模型中方差膨胀因子最大值为10的标准。因此，本书的实证结果不会因多重共线性而产生较大偏差。

表 5 - 3　年报问询函与超额在职消费的相关系数

变量	Abperk	Inquiry	TOP1	Cash	Indir	Boardsize	Institution	Compensation	Size	Leverage	ROA
Abperk	1	-0.0585 ***	-0.0495 ***	0.0475 ***	0.0115	-0.0300 ***	-0.0704 ***	0.0710 ***	-0.0609 ***	-0.0384 ***	0.0423 ***
Inquiry	-0.0542 ***	1	-0.0996 ***	-0.0897 ***	0.0311 ***	-0.0459 ***	0.0207 **	-0.0589 ***	-0.0521 ***	0.1046 ***	-0.1889 ***
TOP1	-0.0585 ***	-0.0947 ***	1	0.0310 ***	0.0311 ***	0.0022	0.3037 ***	0.0074	0.1618 ***	0.0605 ***	0.1285 ***
Cash	0.0475 ***	-0.0598 ***	0.0279 ***	1	0.0236 **	-0.0341 ***	0.0158	0.0726 ***	-0.1798 ***	-0.3285 ***	0.2919 ***
Indir	-0.0030	0.0350 ***	0.0297 ***	0.0163	1	-0.6343 ***	-0.0560 ***	-0.00124	-0.0595 ***	-0.0227 **	-0.0517 ***
Boardsize	-0.0242 **	-0.0526 ***	0.0178 *	-0.0411 ***	-0.5701 ***	1	0.1488 ***	0.1000 ***	0.2450 ***	0.1310 ***	0.0179 *
Institution	-0.0639 ***	0.0151	0.3358 ***	0.0061	-0.0502 ***	0.1570 ***	1	0.2201 ***	0.3442 ***	0.1516 ***	0.0781 ***
Compensation	0.0687 ***	-0.0603 ***	0.0261 **	0.0326 ***	-0.0219 **	0.1188 ***	0.2246 ***	1	0.4168 ***	0.1161 ***	0.2144 ***
Size	-0.0796 ***	-0.0652 ***	0.2007 ***	-0.1921 ***	-0.0409 ***	0.2637 ***	0.3559 ***	0.4427 ***	1	0.4978 ***	-0.0292 ***
Leverage	-0.0816 ***	0.1259 ***	0.0589 ***	-0.3311 ***	-0.0116	0.1277 ***	0.1397 ***	0.1094 ***	0.4683 ***	1	-0.3886 ***
ROA	0.0787 ***	-0.2269 ***	0.1431 ***	0.2326 ***	-0.0526 ***	0.0524 ***	0.0998 ***	0.1765 ***	0.0569 ***	-0.3555 ***	1

5.4.3　回归结果分析

年报问询函与超额在职消费的回归结果如表 5 -4 所示。首先，从主要测试变量的结果来看，第（1）列中，只控制年度、行业时，年报问询函（*Inquiry*）的估计系数为 - 0.0015，且在 1% 的显著性水平上显著。第（2）列中，在控制其他影响因素之后，年报问询函（*Inquiry*）的估计系数为 - 0.0011，仍然在 1% 的水平上显著，表明年报问询函显著降低超额在职消费。由此支持 H1。其次，从控制变量的结果来看，第（2）列中，机构投资者持股比例（*Institution*）的估计系数为 - 0.0015，且在 1% 的显著性水平上显著，说明机构投资者发挥了监督作用，减少了超额在职消费。公司规模（*Size*）的估计系数为 - 0.0008，且在 1% 的显著性水平上显著，说明公司规模越大，超额在职消费越低，反之，超额在职消费越高。这可能是基于上文分析的大公司制度建设更为健全，信息披露更为完善，从而抑制了超额在职消费的情形。高管薪酬（*Compensation*）的估计系数为 0.0015，且在 1% 的显著性水平上显著，说明高管薪酬水平越高，超额在职消费越高。总资产收益率（*ROA*）的估计系数为 0.0071，且在 1% 的显著性水平上显著，说明公司的盈利状况越好，超额在职消费水平越高。高管薪酬水平与总资产收益率情况均与超额在职消费水平呈正相关关系，可能是因为当公司的业绩更好，管理层会获得更高的薪水并且会利用公司业绩好的情形获得更多的超额在职消费。其余变量如第一大股东持股比例（*TOP*1）、现金持有（*Cash*）、独立董事比例（*Indir*）、董事会规模（*Boardsize*）、负债比率（*Leverage*）的估计系数并不显著，表明这些特征变量与超额在职消费没有显著关系。这一结果可能是因为部分监督机制变量如独立董事、董事会、负债等对超额在职消费的监督力量还不够强等。但是这一部分控制变量的结果不显著并不影响本书主要测试变量的显著性和据此得出的结论。

表 5 - 4　年报问询函与超额在职消费的回归结果

Y = $Abperk_t$	（1）	（2）
$Inquiry_t$	- 0. 0015 ***	- 0. 0011 ***
	（- 5. 71）	（- 4. 68）
$TOP1_t$		- 0. 0013
		（- 1. 37）
$Cash_t$		0. 0007
		（0. 57）
$Indir_t$		- 0. 0010
		（- 0. 37）
$Boardsize_t$		- 0. 0005
		（- 0. 49）
$Institution_t$		- 0. 0015 ***
		（- 2. 67）
$Compensation_t$		0. 0015 ***
		（5. 57）
$Size_t$		- 0. 0008 ***
		（- 5. 37）
$Leverage_t$		- 0. 0005
		（- 0. 66）
ROA_t		0. 0071 ***
		（4. 07）
Con_t	- 0. 0017	- 0. 0031
	（- 0. 60）	（- 0. 62）
Year	Yes	Yes
Industry	Yes	Yes
N	11507	11507
Adj. R^2	0. 003	0. 034

　　表 5 - 5 列示了内部控制质量的调节效应结果。首先，从样本分布来看，按照上市公司内部控制质量的好坏进行分组，将内部控制质量得分高于行业—年度中位数的视为内部控制质量较好，得到 5672 个观测值，将内

部控制质量得分低于行业—年度中位数的视为内部控制质量较差，得到5671个观测值，最大限度地保证了两组样本的均衡分布，减少样本的行业、年度差异和样本分布不均衡带来的结果偏差。其次，从两组样本的回归结果来看，在内部控制质量较好的组，年报问询函（Inquiry）的估计系数为 - 0.0018，且在1%的显著性水平上显著，在内部控制质量较差的组，年报问询函（Inquiry）的估计系数为 - 0.0009，且在1%的显著性水平上显著，表明无论在内部控制质量较好的组还是较差的组，年报问询函均显著降低了超额在职消费。最后，从两组样本的组间系数差异及检验来看，两组样本的年报问询函（Inquiry）的系数差异为 - 0.0009，并且这一差异在10%的水平上显著（P = 0.08），表明两组样本的降低幅度之间存在显著的差异，在内部控制质量较好的组内，年报问询函对超额在职消费水平的降低作用更为显著。由此支持H5。

表 5 - 5　年报问询函与超额在职消费的调节效应：内部控制质量

Y = $Abperk_t$	（1）内部控制质量较好	（2）内部控制质量较差
$Inquiry_t$	- 0.0018 ***	- 0.0009 ***
	（ - 4.11）	（ - 3.49）
$TOP1_t$	- 0.0039 ***	- 0.0005
	（ - 4.04）	（ - 0.63）
$Cash_t$	0.0010	0.0008
	（0.87）	（0.77）
$Indir_t$	- 0.0015	0.0009
	（ - 0.56）	（0.36）
$Boardsize_t$	- 0.0006	- 0.0003
	（ - 0.67）	（ - 0.42）
$Institution_t$	- 0.0010 *	- 0.0022 ***
	（ - 1.69）	（ - 4.03）
$Compensation_t$	0.0009 ***	0.0019 ***
	（4.28）	（10.45）

续表

$Y = Abperk_t$	（1）内部控制质量较好	（2）内部控制质量较差
$Size_t$	− 0. 0011 ***	− 0. 0004 ***
	（ − 7. 48）	（ − 3. 45）
$Leverage_t$	− 0. 0003	− 0. 0004
	（ − 0. 30）	（ − 0. 69）
ROA_t	0. 0201 ***	0. 0022
	（6. 89）	（1. 42）
Con_t	0. 0105 *	− 0. 0160 ***
	（1. 87）	（ − 4. 02）
Year	Yes	Yes
Industry	Yes	Yes
N	5672	5671
Adj. R^2	0. 043	0. 037
Difference between groups	P = 0. 08	

　　表 5 − 6 列示了产权性质的调节效应结果。首先，对上市公司的产权性质进行分组，将两组样本对年报问询函和超额在职消费的关系进行实证检验。从样本分布来看，国有企业样本中包括了 3912 个观测值，非国有企业中包括了 7215 个观测值，虽然两组样本的观测值数量存在一定的差异，但这一差异并不影响本书的实证结果。其次，从回归结果来看，在国有企业中，年报问询函（Inquiry）的估计系数为 − 0. 0005，且在 10% 的显著性水平上显著，在非国有企业中，年报问询函（Inquiry）的估计系数为 − 0. 0013，且在 1% 的显著性水平上显著，表明无论是在国有企业还是非国有企业，年报问询函均显著降低了超额在职消费。最后，从两组样本的组间系数差异及检验来看，两组样本的年报问询函（Inquiry）的系数差异为 − 0. 0008，并且这一差异在 5% 的显著性水平显著（P = 0. 03），表明年报问询函对超额在职消费的降低作用在非国有企业中要显著地强于国有企业，由此支持 H6。

表 5 - 6　年报问询函与超额在职消费的调节效应：产权性质

$Y = Abperk_t$	（1）国有企业	（2）非国有企业
$Inquiry_t$	- 0. 0005 *	- 0. 0013 ***
	(- 1. 74)	(- 4. 32)
$TOP1_t$	- 0. 0036 ***	- 0. 0005
	(- 4. 53)	(- 0. 59)
$Cash_t$	- 0. 0032 ***	0. 0039 ***
	(- 3. 08)	(3. 63)
$Indir_t$	- 0. 0025	0. 0014
	(- 1. 19)	(0. 52)
$Boardsize_t$	- 0. 0004	0. 0012
	(- 0. 55)	(1. 31)
$Institution_t$	0. 0015 **	- 0. 0013 **
	(2. 37)	(- 2. 39)
$Compensation_t$	0. 0011 ***	0. 0015 ***
	(5. 81)	(7. 53)
$Size_t$	- 0. 0005 ***	- 0. 0007 ***
	(- 4. 26)	(- 5. 40)
$Leverage_t$	- 0. 0007	0. 0005
	(- 1. 03)	(0. 70)
ROA_t	0. 0028	0. 0071 ***
	(1. 37)	(3. 97)
Con_t	- 0. 0009	- 0. 0106 **
	(- 0. 27)	(- 2. 06)
Year	Yes	Yes
Industry	Yes	Yes
N	3912	7215
Adj. R^2	0. 059	0. 020
Difference between groups	P = 0. 03	

5.4.4　稳健性检验

1. Heckman 两阶段模型

由于是否收到年报问询函可能存在样本选择偏差，不是每一家被证券交易进行年报审核的上市公司最后都会收到年报问询函，那些收到年报问询函的公司可能具有某些特定的特征，例如内部控制存在缺陷，发生过财务重述等，这些潜在的特征变量会使估计结果产生偏误，从而影响结论的准确性。为此，本书使用 Heckman 两阶段模型控制样本选择偏差问题。在第一阶段，建立上市公司收到年报问询函影响因素的 Probit 模型，计算逆米尔斯比率（*Inverse Mills Ratio*，IMR），并将其作为一个控制变量加入第二阶段的模型中进行回归，以控制潜在的样本选择偏差问题。在第一阶段的模型中加入行业均值（*Industry mean*）作为外生工具变量。参考陈运森等（2019）的研究，本书构建的第一阶段的估计模型如模型（5-3）所示，第二阶段的模型同模型（5-1）。

$$
\begin{aligned}
Inquiry_{i,t} = {} & \beta_0 + \beta_1\ Industry\ mean_{i,t} + \beta_2\ Loss_{i,t-1} \\
& + \beta_3\ IC\ WEAKNESS_{i,t-1} + \beta_4\ TOP1_{i,t-1} \\
& + \beta_5\ Big4_{i,t-1} + \beta_6\ Age_{i,t-1} + \beta_7\ Size_{i,t-1} \\
& + \beta_8\ Leverage_{i,t-1} + \beta_9\ ROA_{i,t-1} + \beta_{10}\ Growth_{i,t-1} \\
& + \sum Year + \sum Industry + \varepsilon \qquad (5-3)
\end{aligned}
$$

具体而言，在模型（5-3）中，选取的影响公司是否收到年报问询函的因素变量包括：行业均值（*Industry mean*）、是否亏损（*LOSS*）、内部控制缺陷（*IC WEAKNESS*）、第一大股东持股比例（*TOP1*）、"四大"审计（*Big4*）、公司年龄（*Age*）、公司规模（*Size*）、负债比率（*Leverage*）、总资产收益率（*ROA*）和公司成长性（*Growth*）。最后，控制了年度和行业固定效应。

Heckman 两阶段模型的回归结果如表5-7所示。第一阶段中，行业均值（Industry mean）的估计系数为 4.9229，且在 1% 的显著性水平上显著，表明行业内上市公司收到问询函的均值与上市公司是否收到年报问询函（Inquiry）显著正相关，行业均值（Industry mean）满足相关性假说。第二阶段中，在加入 IMR 控制样本选择偏差后，IMR 的估计系数为 0.0022，且在 1% 的显著性水平上显著，表明此处已控制对估计结果造成偏误的问题，年报问询函（Inquiry）估计系数为 -0.0008，且仍在 1% 的水平上负相关，与表 5-4 的主回归结果一致。

表 5-7 年报问询函与超额在职消费的 Heckman 两阶段模型回归结果

第一阶段		第二阶段	
$Y = Inquiry_t$		$Y = Abperk_t$	
$Industry\ mean_t$	4.9229 ***	$Inquiry_t$	-0.0008 ***
	(5.24)		(-3.11)
$LOSS_{t-1}$	0.2670 ***	$TOP1_t$	-0.0031 ***
	(3.30)		(-2.85)
$IC\ WEAKNESS_{t-1}$	0.2336 ***	$Cash_t$	-0.0006
	(4.38)		(-0.43)
$TOP1_{t-1}$	-0.7566 ***	$Indir_t$	-0.0027
	(-4.52)		(-1.09)
$Big4_{t-1}$	-0.2573 **	$Boardsize_t$	-0.0008
	(-2.00)		(-0.88)
Age_{t-1}	0.0294	$Institution_t$	-0.0013 *
	(1.14)		(-1.92)
$Size_{t-1}$	-0.1071 ***	$Compensation_t$	0.0013 ***
	(-4.62)		(4.53)
$Leverage_{t-1}$	0.8505 ***	$Size_t$	-0.0011 ***
	(6.24)		(-6.64)
ROA_{t-1}	-3.6716 ***	$Leverage_t$	0.0015 **
	(-6.72)		(2.06)
$Growth_{t-1}$	0.0441 ***	ROA_t	0.0056 ***
	(3.04)		(3.28)

续表

第一阶段		第二阶段	
Y = *Inquiry*$_t$		Y = *Abperk*$_t$	
Con$_{t-1}$	− 0.1680	*IMR*	0.0022 ***
	（− 0.26）		（6.42）
		Con$_t$	0.0014
			（0.27）
Year	Yes	*Year*	Yes
Industry	Yes	*Industry*	Yes
N	9710	N	9710
Pseudo R^2	0.133	Adj. R^2	0.039

2. 倾向评分匹配法

由于收到年报问询函的公司（以下简称收函公司）与未收到年报问询函的公司（以下简称未收函公司）可能存在特征差异，这些存在差异的特征又可能潜在地影响超额在职消费，导致年报问询函对超额在职消费的估计结果产生偏误，本书采用倾向评分匹配法（Propensity score matching，PSM）控制潜在的内生性问题。倾向评分匹配法解决内生性问题的原理在于：通过选取影响上市公司是否收到问询函的特征变量来对公司收到问询函的概率进行估计，然后选取与收函公司具有相似特征的未收函公司作为收函公司的对照，最后看二者在超额在职消费方面的区别。

将收到年报问询函视为一次连续事件，考察首次收到年报问询函的影响。首先，建立 Probit 模型，将在样本期间内从任意年份开始连续收到年报问询函的公司与从未收到过年报问询函的公司进行匹配。其中，从本章的主回归样本来看，从 2015 年、2016 年、2017 年和 2018 年开始连续收到年报问询函的公司分别有 15 家、36 家、48 家和 197 家。参考陈运森等（2019）的研究，选取以下影响公司是否收到年报问询函的因素变量：是否亏损（*LOSS*）、内部控制缺陷（*IC WEAKNESS*）、第一大股东持股比例（*TOP*1）、"四大"审计（*Big*4）、公司规模（*Size*）、负债比率（*Leverage*）、总资产收益率（*ROA*）、公司成长性（*Growth*）以及行业和年份。为了保证选取标准的一致性和结果的准确性，选取了 Heckman 两阶段模型中第一阶段除了外生工具变量（行业均值，*Industry mean*）外的所有估计变量作为 PSM 的配对变量，具体配对变量如模型（5－4）所示：

$$Inquiry_{i,t} = \beta_0 + \beta_1 Loss_{i,t-1} + \beta_2 IC\ WEAKNESS_{i,t-1}$$
$$+ \beta_3 TOP1_{i,t-1} + \beta_4 Big4_{i,t-1} + \beta_5 Size_{i,t-1}$$
$$+ \beta_6 Leverage_{i,t-1} + \beta_7 ROA_{i,t-1} + \beta_8 Growth_{i,t-1}$$
$$+ \sum Year + \sum Industry + \varepsilon \qquad (5-4)$$

将总样本以在样本期间内是否连续收到过年报问询函为标准划分为处理组和控制组，将收到年报问询函事件发生的上一年因素变量进行 Probit 回归，按照处理组公司得出的评分在控制组中分年份进行 1:1 非重复配对。配对共得到 296 家处理组公司和 296 家控制组公司，共计 592 家公司。

由于采用倾向评分匹配法控制内生性的前提在于处理组公司和控制组公司在所有可能导致公司是否收到问询函的影响因素方面没有显著差异，本书采用 Pstest 命令进行平衡测试，表 5－8 报告了配对平衡性测试的检验结果，从中可以看出控制组和处理组在所有影响因素上无显著差异，满足配对的平衡性假设。

表 5－8　年报问询函与超额在职消费的 PSM 样本匹配平衡性测试结果

变量	Means		P 值
	处理组	控制组	
	（收到问询函）	（未收到问询函）	
LOSS	0.3019	0.3170	0.71
IC WEAKNESS	0.2302	0.2302	1.00
*TOP*1	29.1440	28.7090	0.72
*Big*4	0.0151	0.0226	0.52
Age	2.8212	2.7167	0.42
Size	22.1350	22.1420	0.95

变量	Means		P 值
	处理组	控制组	
	（收到问询函）	（未收到问询函）	
Leverage	0.5060	0.5133	0.71
ROA	−0.0058	0.0033	0.19
Growth	0.5841	0.6445	0.68

其次，采用配对后的样本对模型（5－1）进行回归。表 5－9 报告了倾向评分匹配的回归结果。第（1）列中，只控制年度、行业时，年报问询函（*Inquiry*）的估计系数为 −0.0012，且在 10% 的显著性水平上显著。第（2）列中，在控制其他影响因素之后，年报问询函（*Inquiry*）的估计系数为 −0.0013，且在 5% 的水平上显著。配对结果与表 5－4 的主回归结果一致，表明年报问询函显著降低超额在职消费。

表 5－9　年报问询函与超额在职消费的倾向评分匹配法的回归结果

Y = *Abperk*$_t$	（1）	（2）
Inquiry$_t$	−0.0012 *	−0.0013 **
	（−1.82）	（−1.97）
*TOP*1$_t$		0.0016
		（0.51）
Cash$_t$		−0.0018
		（−0.53）
Indir$_t$		0.0031
		（0.40）
Boardsize$_t$		0.0039
		（1.17）
Institution$_t$		−0.0033
		（−1.52）
Compensation$_t$		0.0023 ***
		（3.69）

续表

Y = Abperk$_t$	(1)	(2)
Size$_t$		− 0. 0008 *
		(− 1. 83)
Leverage$_t$		− 0. 0031 *
		(− 1. 92)
ROA$_t$		− 0. 0009
		(− 0. 28)
Con$_t$	− 0. 0046 **	− 0. 0249 **
	(− 2. 08)	(− 2. 30)
Year	Yes	Yes
Industry	Yes	Yes
N	596	596
Adj. R^2	0. 003	0. 042

5.4.5 进一步研究

Ryans（2020）的研究发现问询函的信息含量存在差异。不同的问询函所针对的问题不同，这一特征差异会影响上市公司的行为，从而影响证券监管的效率和效果。考虑到年报问询函特征也会影响其监管效果，若年报问询函包含的问题数量越多以及年报问询函要求中介机构发表核查意见时，年报问询函的严重程度更高、监管的强度更大，因而监管的效果可能越好（陈运森等，2019）。因此，进一步考察问题数量（Inquiry num）、是否需要发表核查意见（Inquiry verify）这两个变量对超额在职消费的影响。

若年报问询函包含的问题数量越多，上市公司在进行回函时需要付出更多的努力、搜集和披露更多的信息，从而导致年报问询函对上市公司的信息不对称的降低程度更大，即年报问询函通过降低信息不对称来降低超额在职消费的程度更大。

相较于没有要求中介机构发表核查意见的年报问询函，要求审计师、律师、评估师等信息中介发表核查意见的年报问询函更有利于提高上市公司披露的信息的可理解性和可靠性，从而更有利于降低超额在职消费。

　　表 5 – 10 报告了年报问询函特征与超额在职消费的回归结果。第（1）列中，问题个数（$Inquiry\ num$）估计系数为 – 0.0004，且在 1% 的显著性水平上显著，说明相较于未被问询的公司，被问询公司收到的年报问询函的问题数量越多，超额在职消费越低。第（2）列中，是否需要发表核查意见（$Inquiry\ verify$）估计系数为 – 0.0008，且在 1% 的显著性水平上显著，说明相较于未被问询的公司，若被问询公司收到的年报问询函需要中介机构发表核查意见，超额在职消费越低。

表 5 – 10　年报问询函特征与超额在职消费的回归结果

$Y = Abperk_t$	（1）	$Y = Abperk_t$	（2）
$Inquiry\ num_t$	– 0.0004 *** （– 4.35）	$Inquiry\ verify_t$	– 0.0008 *** （– 2.91）
$TOP1_t$	– 0.0013 （– 1.36）	$TOP1_t$	– 0.0012 （– 1.28）
$Cash_t$	0.0001 （0.02）	$Cash_t$	0.0001 （0.02）
$Indir_t$	– 0.0028 （– 1.19）	$Indir_t$	– 0.0003 （– 1.20）
$Boardsize_t$	– 0.0010 （– 1.07）	$Boardsize_t$	– 0.0009 （– 1.04）
$Institution_t$	– 0.0015 *** （– 2.63）	$Institution_t$	– 0.0015 *** （– 2.68）
$Compensation_t$	0.0015 *** （5.58）	$Compensation_t$	0.0015 *** （6.36）
$Size_t$	– 0.0008 *** （– 5.36）	$Size_t$	– 0.0008 *** （– 6.26）
$Leverage_t$	– 0.0005 （– 0.68）	$Leverage_t$	– 0.0004 （– 0.59）

续表

Y = $Abperk_t$	（1）	Y = $Abperk_t$	（2）
ROA_t	0.0071 ***	ROA_t	0.0077 ***
	（4.07）		（4.74）
Con_t	−0.0033	Con_t	−0.0038
	（−0.65）		（−0.74）
Year	Yes	Year	Yes
Industry	Yes	Industry	Yes
N	11507	N	11507
Adj. R^2	0.033	Adj. R^2	0.033

5.4.6　作用机制分析

根据上文的分析，年报问询函通过缓解信息不对称降低超额在职消费。具体来说，年报问询函缓解信息不对称的方式包括提高信息披露数量、质量和吸引媒体关注两种。因此，本书根据年报问询函缓解信息不对称的方式来进行作用机制分析。

参考陈冬华和姚振晔（2018）、伊志宏等（2019）的研究，使用股票换手率（*Turnover*）和媒体关注（*Media*）来衡量公司的信息不对称。自变量为年报问询函（*Inquiry*）。选取以下变量为控制变量：第一大股东持股比例（*TOP*1）、"四大"审计（*Big*4）、公司年龄（*Age*）、董事会规模（*Boardsize*）、公司规模（*Size*）、负债比率（*Leverage*）、总资产收益率（*ROA*）。回归结果如表 5 – 11 所示。采用股票换手率（*Turnover*）为因变量时，年报问询函（*Inquiry*）的估计系数为 0.1201，并且在 5% 的显著性水平上显著，说明年报问询函会降低信息不对称。采用媒体报道（*Media*）为因变量时，年报问询函（*Inquiry*）的估计系数为 0.3392，并且在 1% 的显著性水平上显著，说明年报问询函会增加媒体关注。

表 5 - 11　年报问询函与信息不对称的回归结果

变量	Y = Turnover₍ₜ₎	Y = Media₍ₜ₎
$Inquiry_t$	0. 1201 **	0. 3392 ***
	(2. 13)	(8. 72)
$TOP1_t$	- 1. 5262 ***	- 0. 2923 **
	(- 15. 25)	(- 2. 13)
$Big4_t$	0. 4282	1. 4744 ***
	(1. 43)	(3. 88)
Age_t	- 0. 1992 **	- 0. 0579
	(- 2. 18)	(- 0. 46)
$Boardsize_t$	- 0. 4262 ***	0. 2361 ***
	(- 6. 80)	(3. 37)
$Size_t$	- 0. 2701 ***	0. 4441 ***
	(- 18. 29)	(20. 37)
$Leverage_t$	0. 5762 ***	- 0. 0183
	(6. 02)	(- 0. 17)
ROA_t	- 2. 1871 ***	0. 3411
	(- 8. 75)	(1. 56)
Con_t	9. 8925 ***	- 5. 7125 ***
	(17. 86)	(- 8. 10)
$Year$	Yes	Yes
$Industry$	Yes	Yes
N	11415	11260
Adj. R^2	0. 474	0. 313

5.5　本章小结

本章从超额在职消费的视角考察了年报问询函的经济后果。本章将
2015—2018 年 A 股上市公司作为样本，研究了年报问询函对超额在职消费

的影响及作用机制，发现年报问询函可以降低超额在职消费。进一步研究发现，年报问询函对超额在职消费的降低作用在内部控制质量较好的企业和非国有企业中更为显著；并且若年报问询函包含的问题数量越多、年报问询函需要中介机构发表核查意见，年报问询函对超额在职消费的降低效果越明显。最后，作用机制表明，年报问询函通过提高信息披露数量、质量和吸引媒体关注这两种缓解信息不对称的方式来降低超额在职消费。

本章拓展了年报问询函的经济后果研究和超额在职消费的影响因素研究，有助于投资者全面理解年报问询函这一监管方式及监管效果。本章的结果表明，年报问询函可以发挥监管作用，提高上市公司信息披露的数量、质量以及吸引媒体关注，从而缓解信息不对称、降低超额在职消费。本章的结论还有助于市场监管者作出决策。研究表明，年报问询函能发挥监管作用，并且年报问询函性质越严重，监管效果越好。由此说明，监管者有必要持续推行问询函监管制度，加强问询函监管的严厉程度，为投资者作出投资决策创造良好的市场环境。

第 6 章　年报问询函与股价同步性

6.1　引言

年报问询函是证券交易所向上市公司发出的一种书面问询函件。当证券交易所对上市公司披露的财务报告存在疑虑时，会针对财务报告中的问题向上市公司发出问询函并且要求上市公司在规定的期限内回函。根据我国沪深证券交易所官网披露的监管问询数据，2015—2018 年，两个证券交易所累计发出了 1138 份年报问询函。年报问询函逐渐成为证券交易所强化事后监管、优化信息披露、提高信息披露的决策有用性的重要手段，研究年报问询函的监管效果具有重要的现实意义。

第 4 章和第 5 章在委托代理的分析框架下，基于信息不对称的逻辑从超额现金持有和超额在职消费的视角考察了年报问询函对公司内部现金持有行为和超额在职消费行为的监管效果。在此基础之上，进一步考察年报问询函对公司外部资本市场的影响。资本市场的基本功能是价格发现和引导资源的优化配置，提高资本市场的运行效率有助于实现经济资源优化配置，也是证券监管的重要目标。资本市场运行效率的重要标志是股票价格能否反映公司的真实信息（Jin and Myers，2006），股价同步性体现了公司信息融入股票价格的程度，反映了资本市场的运行效率。基于此，本章从股价同步性视角，考察年报问询函对资本市场信息效率的监管效果。

股价同步性指单个公司股票价格的变动与市场变动之间的关联性（李增泉，2005），即资本市场上的股价"同涨同跌"现象。文献一般采用个股收益与市场收益回归模型中的拟合优度 R^2 来衡量股价同步性，R^2 越大，表明上市公司的个股收益当中被市场收益所解释的部分越多，上市公司的股票价格越会随着市场变动而变动，股价同步性越高。股价同步性体现了股票价格对信息的反映方式和反映程度。根据已有的文献，股价同步性主要有两种解释。一种是以 Morck 等（2000）为代表的信息效率学派，认为股价同步性反映了公司信息融入股票价格的程度，用这一指标来衡量资本市场的信息效率，股价同步性越低，股票价格的信息含量越高，资本市场的效率越高。在这一理论体系之下，现有的文献研究发现信息披露、信息不对称、信息中介等因素会影响股价同步性（黄俊和郭照蕊，2014；胡军和王甄，2015）。另一种是以 West（1988）为代表的非理性学派，认为股价同步性衡量的是市场噪声、投资者情绪，股价同步性越低，股票价格的信息含量越低。在这一学派的理论体系之下，现有的文献发现投资者情绪、市场摩擦、噪声交易者等因素会影响股价同步性（Barberis et al.，2005）。在非理性学派的解释之下，收到年报问询函的公司很可能引起负面的投资者情绪，导致投资者的从众、追涨杀跌等非理性行为，从而引起股票价格下跌，降低股价同步性。从现有的文献来看，以我国资本市场为背景，相较于非理性学派，信息效率学派受到更多的文献支持，现有的文献更多地将股价同步性用于衡量资本市场的信息效率而非资本市场的噪声和投资者情绪。因而本书也是从信息效率的角度去讨论。

资本市场的信息主要包括公司层面的信息和市场层面的信息（Campbell and Lettau，1999）。理论上，公司的股票价格既包括了市场层面的整体信息，也包括了公司层面的个体信息。在信息效率较高的股票市场中，公司股票价格主要受公司个体信息的影响，当上市公司出现好消息时，股票价格上涨，出现坏消息时，股票价格下跌，股票价格是个体公司价值的体现，资本市场表现出较低的股价同步性。上市公司的股价同步性越低，股票价格波动越少受到市场波动的影响，从而越有利于资本市场发挥资源配置的功能。相较于美国等成熟的资本市场，我国的股价同步性更高（Morck et al.，2000）。较高的股价同步性会产生严重的经济后果：第一，较高的股价同步性不利于对高管人员进行业绩评价，从而影响公司治理的有效性（Defond and Hung，2004）；第二，较高的股价同步性无法抑制公司的低效率投资，从而影响资本预算的效率（Durnev et al.，2003）；第三，较高的股价同步性使资本市场无法引导资金流向高质量的公司，从而降低资本配置效率（Wurgler，2000）；第四，较高的股价同步性会加剧股市崩盘（Jin and Myers，2006）。因此，考察股价同步性的影响因素对我国资本市场具有重要的现实意义。

关于股价同步性的影响因素，现有的研究主要从信息披露的视角考察了公司内部特征和外部环境两个方面的影响。内部特征方面，刘宇尧和陆家骝（2019）研究发现，财务松弛会影响上市公司的信息披露行为，进而影响股价同步性；张斌和王跃堂（2014）则从特质信息披露方面研究了行业专家型独立董事与股价同步性的关系。外部环境方面，研究表明，分析师和媒体作为信息中介能够缓解信息不对称，从而降低股价同步性（朱红军等，2007；黄俊和郭照蕊，2014；胡军和王甄，2015；伊志宏等，2019）；审计报告改革和产业政策等外部政策会影响公司的信息环境，进而影响股价同步性（陈冬华和姚振晔，2018；王木之和李丹，2019）。从已有研究中可以看出，无论是内部特征还是外部环境，鲜少有研究关注证券监管政策，尤其是证券交易所的监管政策对股价同步性的影响。年报问询函正是证券交易所进行一线监管的重要途径之一，基于此，本章考察年报问询函对股价同步性的影响。

股票市场是信息的市场，信息引导着股票价格的变化，并进而引导着股票市场的资源配置（王亚平等，2009）。理论上，年报问询函监管的对象是上市公司的信息披露行为，信息披露会影响公司的股票价格变动，进而影响整个资本市场的信息效率。基于此，本书从资本市场信息效率的角度选取股价同步性这一指标来考察年报问询函对公司外部股票市场的影响。

本章分析了年报问询函对股价同步性的影响。股价同步性会受到信息不对称程度的影响。投资者和公司之间的信息不对称程度越低，越有利于投资者搜集与公司相关的信息进行股票交易，从而促进公司信息融入股票价格，降低股价同步性（Jin and Myers，2006）。年报问询函通过缓解信息不对称降低股价同步性。年报问询函能够改善公司信息披露的数量、质量以及吸引更多的媒体关注，从而有利于降低投资者和上市公司之间的信息不对称，增加投资者基于公司信息而进行的股票交易，最终降低股价同步性。

本章以2015—2018年我国A股上市公司为研究对象，从股价同步性的视角考察了年报问询函的经济后果。研究发现，年报问询函显著降低股价同步性。通过固定效应模型、Heckman两阶段模型和PSM + DID模型的检验后，结果依然稳健。进一步研究表明，机构投资者持股和产品市场竞争会减弱年报问询函对股价同步性的影响，并且当年报问询函包含的问题个数越多、年报问询函需要中介机构发表核查意见时，年报问询函对股价同步性的降低效果越明显。最后，作用机制分析表明，年报问询函通过缓解信息不对称来降低股价同步性。

本章可能的贡献在于：第一，现有的研究考察了年报问询函对业绩预告（李晓溪等，2019a）、高管变更（邓祎璐等，2020）、公司避税（Kubick et al.，2016）、财务报告质量（陈运森等，2019）、股价崩盘风险（张俊生等，2018）、IPO价格（Li and Liu，2017）、审计质量（陈运森等，2018b）等因素的影响，没有研究考察年报问询函对股价同步性的影响。

本章拓展了年报问询函的经济后果研究。第二，现有的文献主要从会计信息可比性（袁媛等，2019）、独立董事行业专长（张斌和王跃堂，2014）、信息中介（朱红军等，2007；黄俊和郭照蕊，2014；伊志宏等，2018）、产业政策（陈冬华和姚振晔，2018）、金融开放（钟覃琳和陆正飞，2018）等视角考察了股价同步性的影响因素，尚未有文献关注年报问询函对股价同步性的影响。本章丰富了股价同步性的影响因素研究。第三，本章的研究结论具有较好的实践意义。研究结果表明，年报问询函可以降低股价同步性，为监管机构加强问询函监管提供了经验证据，同时为进一步提升资本市场信息效率，促进资本市场健康发展提供了启示。

6.2 研究假设

本章认为，年报问询函通过缓解投资者和上市公司之间的信息不对称，增加投资者基于公司信息而进行的股票交易，从而促进与股票价值相关的公司信息融入股票价格，降低股价同步性。

（1）年报问询函和信息不对称。首先，年报问询函有利于增加上市公司披露的信息数量，提高上市公司披露的信息质量，从而降低信息不对称。证券交易所向上市公司发出年报问询函时，会要求上市公司针对财务报告中的重要事项、复杂事项进行补充披露和解释说明，有利于增加上市公司披露的信息数量，提高上市公司披露的信息的可理解性；并且年报问询函要求审计师、律师、评估师等中介机构对财务报告中存在风险的会计数字、合同契约和评估事项进行补充核查并发表独立意见，有利于提高上市公司披露的信息的可靠性。其次，年报问询函有利于吸引媒体关注，增加投资者接收到的公司信息，提升上市公司的治理效率，从而降低信息不对称。证券交易所要求上市公司公开披露年报问询函和回函，并在官网设专栏集中披露，能够有效吸引媒体的关注，增加媒体的报道。媒体报道对信息不对称的降低作用主要表现为两个方面。一方面，媒体具有信息功能（罗进辉和蔡地，2013；杨玉龙等，2018）。媒体作为信息传递渠道，具有信息搜集解读能力强、受众范围广等特点（Dyck et al.，2008）。媒体报道能够向投资者传递更多的有效信息，增强投资者对信息的解读能力，从而缓解信息不对称。另一方面，媒体具有公司治理功能（李培功和沈艺峰，2010）。媒体报道有助于减少上市公司对投资者的利益侵害，提升上市公司的治理效率，从而缓解信息不对称（Liu and McConnell，2013；杨德明和赵璨，2012）。

（2）信息不对称与股价同步性。Durnev 等（2003）和冯用富等（2009）的研究指出，股价同步性反映了与上市公司相关的信息融入股票价格的速度和程度，股票交易是促进这一信息融入股票价格的重要方式，因此股价同步性的降低主要在于增加基于公司信息而进行的股票交易。信息不对称会影响投资者的信息搜集成本和收益，从而影响投资者的股票交易行为和公司的股价同步性（Hutton et al.，2009）。投资者总是不断地从资本市场搜集上市公司的信息，期望通过股票交易获取超额收益（冯用富等，2009）。只有当搜集信息的边际收益超过边际成本时，投资者才有足够的动力去搜集信息，并利用搜集到的公司信息进行股票交易，以获取超额收益（Jin and Myers，2006）。相较于信息不对称程度较高的情形，当上市公司的信息不对称程度较低时，上市公司侵害投资者权益的可能性更低，投资者更容易理解这些公司信息。此时，一方面，投资者会因为预期自身利益不易被内部人侵占，从而具有更强的动机去搜集公司信息（Morck et al.，2000）；另一方面，投资者因为更能够理解与公司相关的信息，从而更多地利用这些信息进行投资决策，最终降低股价同步性（黄俊和郭照蕊，2014）。基于以上分析，本书提出假设 H7。

H7：年报问询函降低股价同步性。

6.3　研究设计

6.3.1　样本与数据来源

基于上海证券交易所和深圳证券交易所网站披露的年报问询函数据起始年份为 2015 年，本书选取 2015—2018 年所有 A 股上市公司作为初始样本，并经过如下筛选：（1）剔除金融行业样本；（2）剔除数据缺失的样本。最终得到 12101 条观测值，共计 3514 家上市公司。本书的年报问询函数据来源于中国研究数据服务平台（CNRDS）数据库。其他数据来自国泰安（CSMAR）数据库和锐思（RESSET）数据库。为剔除异常值的影响，本书对所有连续变量进行了 1% 的缩尾处理。

6.3.2　回归模型和变量

为了验证本书的假设 H7，本书构建了模型（6－1）。

$$
\begin{aligned}
SYNCH_{i,t} =\ & \beta_0 + \beta_1 Inquiry_{i,t} + \beta_2 TOP1_{i,t} \\
& + \beta_3 Big4_{i,t} + \beta_4 Age_{i,t} + \beta_5 Boardsize_{i,t} \\
& + \beta_6 Size_{i,t} + \beta_7 Leverage_{i,t} + \beta_8 ROA_{i,t} \\
& + \sum Year + \sum Industry + \varepsilon \qquad (6-1)
\end{aligned}
$$

模型（6－1）中各变量的解释如下。

（1）因变量：股价同步性（SYNCH）。参考 Morck 等（2000）的研究，本书采用公司的股票价格信息能被市场信息所解释的比例衡量股价同步性。结合股价同步性的产生来看，这一指标的构造思路是：理论上，上市公司的股票价格由信息驱动，这一信息既应该包括与整个市场相关的信息（例如，某个行业受到行业管制的行业层面信息，某个证券交易

117

所出台了新政策的市场层面信息等），又应包括与公司相关的信息（例如，某家公司发生了财务舞弊，某家公司进行了股票分红等公司层面信息），当股票价格中包含更多的公司层面信息时，公司的股票价格就不太会完全跟随市场的变化而变化，因而就不太可能出现大规模的股票"同涨同跌"现象。具体在构造指标时，结合资本资产定价模型的思路，用市场回报率去估计个股回报率，考察估计模型的拟合优度，并以此来判断公司的股票回报在多大程度上能被市场回报所解释。股价同步性（SYNCH）的计算步骤如下。

首先，根据模型（6-2）对股票 i 的周收益数据进行回归，估计拟合优度 R^2，即公司股价变动能被市场变动所解释的部分。

$$R_{i,w,t} = \beta_0 + \beta_1 R_{m,w,t} + \varepsilon_{i,w,t} \qquad (6-2)$$

其中，$R_{i,w,t}$ 为股票 i 在第 t 年第 w 周考虑现金红利再投资的收益率，$R_{m,w,t}$ 为所有 A 股公司在第 t 年第 w 周的流通市值加权平均收益率，R^2 表示公司的股价变动能被市场变动所解释的部分。

其次，根据模型（6-3）对 R^2 进行对数化处理，得到股价同步性指标 SYNCH。

$$SYNCH_{i,t} = \ln(R^2/(1 - R^2)) \qquad (6-3)$$

其中，$SYNCH_{i,t}$ 为股票 i 在第 t 年的股价同步性，R^2 为公司股价变动能被市场变动所解释的部分。由于 R^2 的取值区间为（0，1），不符合最小二乘法的回归要求，本书参考李增泉（2005）的研究对 R^2 进行对数化处理，得到股价同步性指标 SYNCH。

（2）自变量：Inquiry 为年报问询函，表示公司是否收到年报问询函。参考陈运森等（2019）的研究，Inquiry 为虚拟变量，若公司当年收到年报问询函，则取值为 1，否则为 0。

（3）控制变量：参考陈冬华和姚振晔（2018）、钟覃琳和陆正飞（2018）的研究，本书在模型中加入了影响公司股价同步性的其他公司治理变量和公司财务变量，包括第一大股东持股比例（*TOP*1）、"四大"审计（*Big*4）、董事会规模（*Boardsize*）、公司年龄（*Age*）、公司规模（*Size*）、负债比率（*Leverage*）、总资产收益率（*ROA*）。同时，本书在模型中也加入行业哑变量（*Industry*）和年份哑变量（*Year*）分别控制行业和年份效应。模型中所有主要变量的具体定义见表6-1。

为了检验本书的假设 H7，使用全样本对模型（6-1）进行回归，若年报问询函（*Inquiry*）的系数 β_1 显著小于 0，则年报问询函降低股价同步性，H7 得证。

表 6-1　年报问询函与股价同步性的变量定义

变量	符号	定义
股价同步性	*SYNCH*	由模型（6-2）、模型（6-3）联合计算所得
年报问询函	*Inquiry*	若公司当年收到年报问询函，则取值为1，否则为0
第一大股东持股比例	*TOP*1	第一大股东持股数量除以公司发行在外的股票总股数
"四大"审计	*Big*4	若公司被"四大"会计师事务所审计，则取值为1，否则为0
公司年龄	*Age*	观测值年份减去公司成立年份的自然对数
董事会规模	*Boardsize*	公司董事会总人数的自然对数
公司规模	*Size*	公司总资产的自然对数
负债比率	*Leverage*	公司总负债与总资产的比值
总资产收益率	*ROA*	公司净利润与总资产的比值
行业均值	*Industry mean*	同行业公司收到年报问询函的均值
是否亏损	*LOSS*	若公司当年发生亏损，则取值为1，否则为0
内部控制缺陷	*INCONTR*	若公司内部控制存在缺陷，则取值为1，否则为0
公司成长性	*Growth*	公司营业总收入的增长率
问询函公司	*Inquiry firm*	若公司在样本期间内从任意年份开始连续收到年报问询函，则取值为1，否则为0
问询函年份	*Post*	公司首次收到年报问询函及以后年份，取值为1，否则为0
问题个数	*Inquiry num*	年报问询函中包含的问题个数的自然对数

变量	符号	定义
是否需要发表核查意见	*Inquiry verify*	若年报问询函需要中介机构发表核查意见，则取值为1，否则为0
信息不对称	*Asymmetry*	公司的信息不对称程度，采用股票换手率和媒体报道衡量
股票换手率	*Turnover*	股票成交量除以流通股总股数
媒体报道	*Media*	媒体报道次数的自然对数

6.4 实证分析

6.4.1 描述性统计

年报问询函与股价同步性的描述性统计结果如表 6-2 所示。首先，从自变量和因变量的描述性统计结果来看，股价同步性（*SYNCH*）的均值为 -0.4261，标准差为 1.0561，说明在样本期间内不同公司之间股价同步性差异较大。年报问询函（*Inquiry*）的均值为 0.0856，说明在样本期间内，收到年报问询函的观测值约占样本总量的 8.56%。其次，从控制变量的描述性统计结果来看，在公司治理层面，第一大股东持股比例（*TOP*1）的均值为 0.3398，表明在本书的样本期间内，每家上市公司的第一大股东平均持有 33.98% 的股份；"四大"会计师事务所审计（*Big*4）的均值为 0.0538，表明样本期间内，被"四大"会计师事务所审计的观测值占全部样本总量的 5.38%；公司年龄（*Age*）的均值为 2.8985；董事会规模（*Boardsize*）的均值为 2.2324；在公司财务层面，公司规模（*Size*）的均值为 22.2101；负债比率（*Leverage*）的均值为 0.4208，表明样本期间内，平均而言，上市公司的负债约占其资产的 42.08%；总资产收益率（*ROA*）

的均值为 0.0356，说明样本期间内，平均而言，上市公司的净利润约占其
总资产的 3.56%。

表 6 - 2　年报问询函与股价同步性的描述性统计

变量	观测值	均值	标准差	最小值	25%	中位数	75%	最大值
SYNCH	12101	- 0.4261	1.0561	- 3.7956	- 1.0241	- 0.2830	0.3292	1.5305
Inquiry	12101	0.0856	0.2798	0.0000	0.0000	0.0000	0.0000	1.0000
*TOP*1	12101	0.3398	0.1460	0.0843	0.2254	0.3197	0.4357	0.7366
*Big*4	12101	0.0538	0.2256	0.0000	0.0000	0.0000	0.0000	1.0000
Age	12101	2.8985	0.3038	2.0794	2.7081	2.9444	3.1355	3.4657
Boardsize	12101	2.2324	0.1778	1.7918	2.0794	2.3026	2.3026	2.7726
Size	12101	22.2101	1.3189	19.7141	21.2899	22.0637	22.9483	26.1201
Leverage	12101	0.4208	0.2082	0.0595	0.2526	0.4069	0.5717	0.9284
ROA	12101	0.0356	0.0652	- 0.2738	0.0140	0.0364	0.0664	0.1880
Turnover	11377	1.782	1.436	0.136	0.678	1.331	2.498	6.467
Media	11910	3.012	1.229	0.693	2.197	2.890	3.689	6.757

6.4.2　相关性分析

年报问询函与股价同步性的相关性系数如表 6 - 3 所示。从主测试变量
的结果来看，年报问询函（*Inquiry*）和股价同步性（*SYNCH*）的 Pearson
和 Spearman 相关系数分别为 - 0.0954 和 - 0.0990，且均在 1% 的水平上显
著，说明年报问询函（*Inquiry*）变量与股价同步性（*SYNCH*）变量之间存
在显著的负相关关系。

在方差膨胀因子检验中，负债比率（*Leverage*）变量的膨胀因子最大，
具体值为 1.81，符合多元回归的标准。因此，本书的实证结果不会因多重
共线性过于严重而产生偏差。

表 6 - 3　年报问询函与股价同步性的相关系数

变量	SYNCH	Inquiry	TOP1	Big4	Age	Boardsize	Size	Leverage	ROA
SYNCH	1.0000	− 0.0990 ***	− 0.0093	0.0274 ***	− 0.0014	0.0794 ***	0.1540 ***	0.0354 ***	− 0.0770 ***
Inquiry	− 0.0954 ***	1.0000	− 0.1022 ***	− 0.0402 ***	0.0824 ***	− 0.0457 ***	− 0.0253 ***	0.1053 ***	− 0.1873 ***
TOP1	− 0.0134	− 0.0954 ***	1.0000	0.1300 ***	− 0.0518 ***	0.0028	0.1450 ***	0.0416 ***	0.1414 ***
Big4	0.0228 **	− 0.0402 ***	0.1428 ***	1.0000	0.0399 ***	0.0730 ***	0.2615 ***	0.1110 ***	0.0235 ***
Age	0.0048	0.0787 ***	− 0.0565 ***	0.0333 ***	1.0000	0.0938 ***	0.1660 ***	0.1865 ***	− 0.1245 ***
Boardsize	0.0814 ***	− 0.0507 ***	0.0195 **	0.0806 ***	0.1017 ***	1.0000	0.2458 ***	0.1350 ***	− 0.0228 **
Size	0.1561 ***	− 0.0368 ***	0.1969 ***	0.3354 ***	0.1322 ***	0.2656 ***	1.0000	0.5169 ***	− 0.1168 ***
Leverage	0.0386 ***	0.1225 ***	0.0451 ***	0.1048 ***	0.1821 ***	0.1413 ***	0.4999 ***	1.0000	− 0.4395 ***
ROA	− 0.0327 ***	− 0.2220 ***	0.1495 ***	0.0447 ***	− 0.0846 ***	0.0137	− 0.0097	− 0.3804 ***	1.0000

6.4.3　回归结果分析

表 6 - 4 报告了年报问询函与股价同步性的回归结果。首先，从主要测试变量的结果来看，在第（1）列中，只控制年度、行业时，年报问询函（Inquiry）的估计系数为 − 0.3140，且在 1% 的显著性水平上显著。在第（2）列中，控制其他影响因素之后，年报问询函（Inquiry）的估计系数为 − 0.2953，仍然在 1% 的显著性水平上显著，表明年报问询函显著降低股价同步性。由此支持 H1。其次，从第（2）列的控制变量结果来看，在公司治理层面，第一大股东持股比例（TOP1）的估计系数为 − 0.2824，且在 1% 的显著性水平上显著，说明第一大股东发挥了监督作用，显著降低了股价同步性。"四大"会计师事务所审计（Big4）的估计系数为 − 0.1648，且在 1% 的显著性水平显著，说明"四大"会计师事务所审计显著降低了股价同步性。公司年龄（Age）的估计系数为 0.0500，但并不显著，说明公司年龄与股价同步性并无显著的相关关系。董事会规模（Boardsize）的估计系数为 0.1799，且在 1% 的显著性水平上显著，说明董事会规模越大，股价同步性越高。在公司财务层面，公司规模（Size）的估计系数为 0.1728，且在 1% 的显著性水平上显著，说明公司规模越

大，股价同步性越高。负债比率（*Leverage*）的估计系数为 - 0. 4265，且在1%的显著性水平上显著，说明负债比率越高，股价同步性越低。总资产收益率（*ROA*）的估计系数为 - 0. 6853，且在1%的显著性水平上显著，说明公司的盈利状况越好，股价同步性越低。

表6 - 4 年报问询函与股价同步性的回归结果

Y = $SYNCH_t$	（1）	（2）
$Inquiry_t$	- 0. 3140 ***	- 0. 2953 ***
	（ - 9. 15 ）	（ - 8. 61 ）
$TOP1_t$		- 0. 2824 ***
		（ - 3. 97 ）
$Big4_t$		- 0. 1648 ***
		（ - 3. 08 ）
Age_t		0. 0500
		（1. 42 ）
$Boardsize_t$		0. 1799 ***
		（3. 13 ）
$Size_t$		0. 1728 ***
		（15. 91 ）
$Leverage_t$		- 0. 4265 ***
		（ - 6. 68 ）
ROA_t		- 0. 6853 ***
		（ - 4. 19 ）
Con_t	0. 3615 **	- 3. 7415 ***
	（2. 32 ）	（ - 12. 83 ）
Year	Yes	Yes
Industry	Yes	Yes
N	12101	12101
Adj. R^2	0. 195	0. 227

6.4.4 稳健性检验

1. 固定效应模型

表6-5报告了固定效应模型的回归结果。第（1）列中，只控制年度和公司时，年报问询函（*Inquiry*）估计系数为-0.1723，且在1%的显著性水平上显著。第（2）列中，在控制其他影响因素之后，年报问询函（*Inquiry*）估计系数为-0.1509，且在1%的显著性水平上显著，与表6-4的结果一致。

表6-5 年报问询函与股价同步性的固定效应模型回归结果

Y = $SYNCH_t$	(1)	(2)
$Inquiry_t$	-0.1723 ***	-0.1509 ***
	(-4.57)	(-4.00)
$TOP1_t$		0.2216
		(0.89)
$Big4_t$		0.1530
		(1.19)
Age_t		0.9355 **
		(2.41)
$Boardsize_t$		0.0499
		(0.41)
$Size_t$		0.2173 ***
		(6.27)
$Leverage_t$		-0.1181
		(-0.94)
ROA_t		-0.2222
		(-1.13)
Con_t	-0.1306 ***	-7.6681 ***
	(-7.60)	(-5.85)
$Year \& Firm$	Yes	Yes
N	12101	12101
Adj. R^2	0.174	0.147

2. Heckman 两阶段模型

根据前文（第 5.4.4 小节稳健性检验第一部分 Heckman 两阶段模型）的分析，是否收到年报问询函可能存在样本选择偏差，影响估计结果的准确性，本书使用 Heckman 两阶段模型控制样本选择偏差问题。具体处理方法与前文类似。在第一阶段的模型中加入行业均值（*Industry mean*）作为外生工具变量。参考陈运森等（2019）的研究，考虑以下影响公司是否收到年报问询函的因素：是否亏损（*LOSS*）、内部控制缺陷（*INCONTR*）、第一大股东持股比例（*TOP*1）、"四大"会计师事务所审计（*Big*4）、公司年龄（*Age*）、公司规模（*Size*）、负债比率（*Leverage*）、总资产收益率（*ROA*）、公司成长性（*Growth*）以及行业和年份。第二阶段的模型同模型（6 - 1）。

在第二阶段，在加入逆米尔斯比率（*Inverse Mills Ratio*）控制样本选择偏差后，结果如表 6 - 6 所示。年报问询函（*Inquiry*）估计系数为 - 0.3075，且仍在 1% 的显著性水平上负相关，与表 6 - 4 的主回归结果一致。

表 6 - 6 年报问询函与股价同步性的 Heckman 两阶段模型回归结果

第一阶段		第二阶段	
Y = *Inquiry*$_t$		Y = *SYNCH*$_t$	
Industry mean$_t$	4.9123 ***	*Inquiry*$_t$	- 0.3075 ***
	(5.32)		(- 8.49)
LOSS$_{t-1}$	0.2761 ***	*TOP*1$_t$	- 0.1687 **
	(3.46)		(- 2.05)
IC WEAKNESS$_{t-1}$	0.2204 ***	*Big*4$_t$	- 0.1111 *
	(4.17)		(- 1.95)
*TOP*1$_{t-1}$	- 0.6781 ***	*Age*$_t$	- 0.0405
	(- 4.16)		(- 1.04)
*Big*4$_{t-1}$	0.1339	*Boardsize*$_t$	0.2357 ***
	(1.60)		(3.90)
Age$_{t-1}$	- 0.1292 ***	*Size*$_t$	0.0821 ***
	(- 5.87)		(6.40)

第一阶段		第二阶段	
Y = $Inquiry_t$		Y = $SYNCH_t$	
$Size_{t-1}$	0.7974 ***	$Leverage_t$	−0.2010 ***
	(5.67)		(−2.64)
$Leverage_{t-1}$	−3.9262 ***	ROA_t	−0.1240
	(−7.16)		(−0.72)
ROA_{t-1}	0.1398 ***	IMR	0.1522 ***
	(4.46)		(3.52)
$Growth_{t-1}$	4.904 ***	Con t	−1.9647 ***
	(5.32)		(−6.49)
Con_{t-1}	−0.0797		
	(−0.13)		
Year	Yes	Year	Yes
Industry	Yes	Industry	Yes
N	9676	N	9676
Pseudo R^2	0.139	Adj. R^2	0.240

3. PSM + DID 模型

采用 PSM + DID 模型控制潜在的内生性问题。将收到年报问询函视为一次连续事件,考察首次收到年报问询函的影响。首先,建立 Probit 模型,将在样本期间内从任意年份开始连续收到年报问询函的公司与从未收到过年报问询函的公司进行最近邻匹配。其中,在本章的主回归样本中,样本期间内从 2015 年、2016 年和 2017 年开始连续收到年报问询函的公司分别有 15 家、32 家和 47 家。参考陈运森等(2019)的研究,选取以下影响公司是否收到年报问询函的因素变量:是否亏损(LOSS)、内部控制缺陷(INCONTR)、第一大股东持股比例(TOP1)、"四大"会计师事务所审计(Big4)、公司年龄(Age)、公司规模(Size)、负债比率(Leverage)、总资产收益率(ROA)、公司成长性(Growth)以及行业和年份。将总样本以在样本期间内是否连续收到过年报问询函为标准划分为处理组和控制组,将收到年报问询函事件发生的上一年因素变量进行 Probit 回归，按照处理组公司得出的评分在控制组中分年份进行 1:1 非重复配对。配对共得到 94 家处理组公司和 94 家控制组公司，共计 188 家公司。采用 Pstest 命令进行平衡测试，表 6 - 7 报告了配对平衡性测试的检验结果，从中可以看出控制组和处理组在所有影响因素上无显著差异，满足配对的平衡性假设。

表 6 - 7　年报问询函与股价同步性的 PSM 样本匹配平衡性测试结果

变量	Means		P 值
	处理组	控制组	
	（收到问询函）	（未收到问询函）	
LOSS	0.4149	0.4255	0.88
INCONTR	0.4043	0.3830	0.77
TOP1	0.2805	0.2641	0.40
Big4	0.0106	0.0000	0.32
Age	2.9129	2.8894	0.58
Size	21.7260	21.8470	0.51
Leverage	0.5299	0.5616	0.31
ROA	- 0.0166	- 0.0238	0.56
Growth	0.4803	0.4386	0.80

其次，根据配对样本选择进行 DID 回归的样本，构建 DID 回归模型。选择收到年报问询函前后一年进行双重差分分析，选取处理组公司及其对应的控制组公司在收到年报问询函前一年和后一年均不存在缺失值的样本进行 DID 回归，最终得到 74 家处理组公司和 74 家控制组公司，共计 148 家公司 296 个回归观测值。具体回归模型如模型（6 - 4）所示：

$$SYNCH_{i,t} = \beta_0 + \beta_1 Inquiry\ firm_{i,t} + \beta_2 Post_{i,t}$$
$$+ \beta_3 Inquiry\ firm \times Post_{i,t} + \beta_4 TOP1_{i,t}$$
$$+ \beta_5 Big4_{i,t} + \beta_6 Age_{i,t} + \beta_7 Boardsize_{i,t}$$
$$+ \beta_8 Size_{i,t} + \beta_9 Leverage_{i,t}$$
$$+ \beta_{10} ROA_{i,t} + \sum Year + \sum Industry + \varepsilon \quad (6 - 4)$$

其中，*Inquiry firm* 为问询函公司，若公司在样本期间内从任意年份开始连续收到年报问询函，则取值为 1，否则为 0。*Post* 为问询函年份，公司首次收到年报问询函之后的年份取值为 1，之前的年份取值为 0。回归结果如表 6 - 8 所示。第（1）列中，只控制年度、行业时，问询函公司和问询函年份的交乘项（*Inquiry firm × Post*）的估计系数为 - 0.5090，且在 5% 的显著性水平上显著。第（2）列中，在控制其他影响因素之后，问询函公司和问询函年份的交乘项（*Inquiry firm × Post*）的估计系数为 - 0.4582，且在 5% 的水平上显著，表明年报问询函显著降低股价同步性，与表 6 - 4 的主回归结果一致。

表 6 - 8　年报问询函与股价同步性的 PSM + DID 的回归结果

$Y = Abperk_t$	(1)	(2)
$Inquiry\ firm_i$	0.0846	0.0937
	(0.46)	(0.51)
$Post_t$	0.5903 **	0.6171 **
	(2.35)	(2.38)
$Inquiry\ firm_i \times Post_t$	- 0.5090 **	- 0.4582 **
	(- 2.32)	(- 2.00)
$TOP1_t$		- 0.8325 *
		(- 1.77)
$Big4_t$		0.1620
		(0.45)
Age_t		- 0.0680
		(- 0.31)
$Boardsize_t$		0.2590
		(0.70)
$Size_t$		0.0768
		(1.41)
$Leverage_t$		- 0.3262
		(- 1.16)

续表

Y = $Abperk_t$	(1)	(2)
ROA_t		0.1101
		(0.16)
Con_t	−0.3333	−2.9952**
	(−0.91)	(−2.07)
Year	Yes	Yes
Industry	Yes	Yes
N	296	296
Adj. R^2	0.176	0.171

6.4.5　进一步研究

考虑到年报问询函特征也会影响年报问询函的监管效果,当年报问询函包含的问题数量越多以及年报问询函要求中介机构发表核查意见时,年报问询函的严重程度更高、监管强度更大,因而监管的效果可能更好(陈运森等,2019;李晓溪等,2019a)。因此,为了加深本书对年报问询函和股价同步性这一问题的理解,本书进一步考察问题个数(*Inquiry num*)、是否需要发表核查意见(*Inquiry verify*)这两个变量对股价同步性的影响。

首先,本书认为当年报问询函包含的问题数量越多时,年报问询函的严重程度更高、监管的强度更大。上市公司在进行回函时需要付出更多的努力、搜集和披露更多的信息,从而导致年报问询函对上市公司的信息不对称的降低程度更大,即年报问询函通过降低信息不对称来降低股价同步性的程度更大。

其次,本书认为相较于没有要求中介机构发表核查意见的年报问询函,要求中介机构发表核查意见的年报问询函严重程度更高、监管强度更大,因而具有更好的监管效果。年报问询函会要求审计师、律师、评估师等信息中介针对财务报表中的会计数字、合同契约、评估事项发表独立核查意见,这一要求有利于提高上市公司披露的信息的可理解性和可靠性,从而更有利于降低股价同步性。

表 6-9 报告了年报问询函特征与股价同步性的回归结果。第（1）列中，问题个数（*Inquiry num*）估计系数为 -0.1303，且在 1% 的显著性水平上显著，说明相较于未被问询的公司，被问询公司收到的年报问询函的问题数量越多，股价同步性越低。第（2）列中，是否需要发表核查意见（*Inquiry verify*）估计系数为 -0.3272，且在 1% 的显著性水平上显著，说明相较于未被问询的公司，被问询公司收到的年报问询函需要中介机构发表核查意见时，股价同步性越低。

表 6-9　年报问询函特征与股价同步性的回归结果

$Y = SYNCH_t$	（1）	$Y = SYNCH_t$	（2）
$Inquiry\ num_t$	-0.1303 *** (-8.86)	$Inquiry\ verify_t$	-0.3272 *** (-7.45)
$TOP1_t$	-0.2841 *** (-3.99)	$TOP1_t$	-0.2710 *** (-3.79)
$Big4_t$	-0.1650 *** (-3.09)	$Big4_t$	-0.1631 *** (-3.04)
Age_t	0.0510 (1.45)	Age_t	0.0487 (1.38)
$Boardsize_t$	0.1796 *** (3.12)	$Boardsize_t$	0.1861 *** (3.21)
$Size_t$	0.1728 *** (15.89)	$Size_t$	0.1743 *** (16.08)
$Leverage_t$	-0.4239 *** (-6.64)	$Leverage_t$	-0.4406 *** (-6.88)
ROA_t	-0.7065 *** (-4.33)	ROA_t	-0.6468 *** (-3.91)
Con_t	-3.7437 *** (-12.85)	Con_t	-3.7902 *** (-12.99)
$Year$	Yes	$Year$	Yes
$Industry$	Yes	$Industry$	Yes
N	12101	N	12101
Adj. R^2	0.228	Adj. R^2	0.226

6.4.6　作用机制分析

根据上文的分析，年报问询函通过缓解信息不对称降低股价同步性。具体来说，年报问询函缓解信息不对称的方式包括提高信息披露数量、质量和吸引媒体关注两种。因此，本书根据年报问询函缓解信息不对称的方式来进行作用机制检验。

参考陈冬华和姚振晔（2018）、王木之和李丹（2019）、伊志宏等（2019）的研究，使用股票换手率（*Turnover*）和媒体关注（*Media*）来衡量公司的信息不对称。股票换手率越高，媒体关注度越高，信息不对称程度越低。自变量为年报问询函（*Inquiry*）。选取以下变量为控制变量，构建模型（6 – 5）：第一大股东持股比例（*TOP*1）、"四大"会计师事务所审计（*Big*4）、公司年龄（*Age*）、董事会规模（*Boardsize*）、公司规模（*Size*）、负债比率（*Leverage*）、总资产收益率（*ROA*）。

$$
\begin{aligned}
Asymmetry_{i,t} = {} & \beta_0 + \beta_1 Inquiry_{i,t} + \beta_2 TOP1_{i,t} \\
& + \beta_3 Big4_{i,t} + \beta_4 Age_{i,t} + \beta_5 Boardsize_{i,t} \\
& + \beta_6 Size_{i,t} + \beta_7 Leverage_{i,t} + \beta_8 ROA_{i,t} \\
& + \sum Year + \sum Industry + \varepsilon \qquad (6-5)
\end{aligned}
$$

表 6 – 10 报告了年报问询函与股票换手率和媒体关注的回归结果。*Turnover* 为因变量时，*Inquiry* 的估计系数为 0.1181，并且在 1% 的显著性水平上显著，说明年报问询函增加股票换手率，降低信息不对称。*Media* 为因变量时，*Inquiry* 的估计系数为 0.3457，并且在 1% 的显著性水平上显著，说明年报问询函增加媒体关注，降低信息不对称。

表 6 – 10　年报问询函与信息不对称的回归结果

变量	Y = $Turnover_t$	Y = $Media_t$
$Inquiry_t$	0.1181 **	0.3457 ***
	(2.26)	(9.08)

变量	Y = $Turnover_t$	Y = $Media_t$
$TOP1_t$	-1.7031^{***}	-0.1342
	(-20.46)	(-1.18)
$Big4_t$	-0.137^{***}	0.5782^{***}
	(-2.94)	(6.05)
Age_t	0.0839^{*}	-0.0792
	(1.94)	(-1.53)
$Boardsize_t$	-0.0188	-0.2605^{***}
	(-0.90)	(-2.98)
$Size_t$	-0.3051^{***}	0.4190^{***}
	(-4.43)	(23.68)
$Leverage_t$	-0.2052^{***}	-0.0774
	(-13.31)	(-0.80)
ROA_t	0.5933^{***}	0.6302^{***}
	(6.98)	(2.99)
Con_t	-2.5313^{***}	-5.0283^{***}
	(-10.33)	(-11.01)
Year	Yes	Yes
Industry	Yes	Yes
N	11377	11910
Adj. R^2	0.480	0.330

6.5　本章小结

本章从股价同步性的视角切入，考察了年报问询函的经济后果。以 2015—2018 年 A 股上市公司为样本，研究了年报问询函对股价同步性的影响及作用机制，发现年报问询函可以降低股价同步性，并且当年报问询函包含的问题个数越多、年报问询函需要中介机构发表核查意见时，年报问询函对股价同步性的降低效果越明显；年报问询函通过缓解信息不对称来降低股价同步性。

　　本章的研究结论具有以下启示:第一,有助于全面理解年报问询函这一非处罚性监管制度及经济后果。本章的结果表明,年报问询函可以发挥监管作用,有助于提高上市公司信息披露的数量、质量以及吸引媒体关注,从而缓解信息不对称、降低股价同步性。第二,有助于市场监管者和投资者作出决策。本章的研究发现,年报问询函能发挥监管作用,并且年报问询函性质越严重,监管效果越好。由此说明,监管者有必要持续推行问询函监管制度,加强问询函监管的严厉程度,为投资者作出投资决策创造良好的市场环境。

　　然而,本章也存在一定的局限性。第一,关于股价同步性的解释有两种:一种是资本市场信息效率,另一种是噪声和投资者情绪,本章仅从信息效率的视角考察年报问询函如何通过降低信息不对称来降低股价同步性,并没有从投资者情绪的角度考察年报问询函对股价同步性的影响,后续还可以进行这方面的讨论。第二,由于证券交易所采用问询函这一监管方式的年限较短,可供选择的样本期间有限,问询函是否能够持续稳定地发挥作用仍有待时间的检验。

第7章　年报问询函与公司价值

7.1　引言

公司价值是衡量公司在市场中的地位、经济实力及长期竞争力的关键指标，综合反映了公司的资产状况、盈利能力、品牌形象以及未来的增长潜力。作为企业长期发展的重要衡量尺度，公司价值不仅决定了公司在资本市场中的竞争优势，也影响了其吸引资本、扩大生产和拓展市场的能力。因此，如何有效提升公司价值，成为资本市场、公司管理层以及监管机构的共同关注点。

关于公司价值的影响因素，已有研究从内部和外部两个角度展开。内部因素主要包括公司的治理水平、信息披露质量、管理层特征及资本结构等。公司的内部治理水平直接影响其信息披露的准确性和透明度，而信息披露又是影响投资者信任、市场预期和公司价值的重要途径（叶陈刚等，2016）。此外，管理层的特征，如年龄、学历、任期等，也对公司的运营绩效和长期价值有显著影响（路博，2022）。例如，管理层过度自信可能引发代理问题，降低公司绩效，从而抑制公司价值的提升。外部因素则包括政府经济政策、市场规制、外部监管及市场反应等。此外，市场监管机制的完善，如信息披露制度、外部审计监督及问询函制度，能够在一定程度上缓解信息不对称问题,从而提高公司的运营效率,提升公司长期价值。

年报问询函作为证券交易所强化信息披露监管的非行政处罚性监管工具,近年来在提升资本市场透明度、保护投资者权益以及促进公司治理方面发挥了显著作用。年报问询函指证券交易所针对上市公司年报中披露的财务或经营信息可能存在的问题,发出问询函要求公司对相关财务或经营数据作出解释或补充披露。与行政处罚性监管不同,问询函主要通过信息披露压力来影响公司行为,增加市场对公司经营情况的了解。尽管已有大量文献探讨了内部治理、外部监管对公司价值的影响,但关于非行政处罚性监管手段(如年报问询函)对公司价值影响的研究仍相对较少,尤其是在问询函对公司长期价值影响的机制上,尚未有明确的结论。

虽然年报问询函不具备法律惩罚力,但通过信息披露压力,可以显著影响公司管理层的行为,并引发市场对公司的反应。已有研究表明,年报问询函可能对公司价值的影响具有双重效应。一方面,部分学者认为年报问询函在提高公司信息披露质量、提升审计监督水平方面产生了积极的作用。例如,研究发现,上市公司在收到问询函后,能够提升公司信息披露的数量和质量,减少信息不对称,提高投资者对公司的信任度,进而提升公司的市场价值(李晓溪等,2019a)。此外,问询函还可能对公司的审计质量产生积极影响,公司在收到问询函后,审计师的独立性和职业怀疑态度会增强,审计费用也相应增加(陶雄华和曹松威,2018)。当公司在财务报告中披露的关键信息得到进一步的澄清或解释后,投资者对公司的风险评估会更准确,进而提升公司的市场表现和公司价值。财务报告问询函可以提高公司信息披露的质量和透明度,减少信息不对称,提升投资者的信心,从而提高公司的长期价值(吴丹,2023)。

另一方面,一部分学者认为年报问询函也可能向市场传递负面信号。问询函可能揭示公司存在的财务或经营问题,市场可能解读为公司风险加大，进而引发股价下跌或融资成本上升（陈运森等，2018）。尤其是当问询函涉及财务风险或重大遗漏时，市场可能认为公司经营存在问题，从而导致公司股价下跌或融资成本上升（陶雄华和曹松威，2018）。债权人和投资者在得知公司收到问询函后，可能对公司的风险管理能力产生怀疑，进而要求更高的融资利率或减少投资额度，从而对公司价值造成负面影响（李远慧，2022）。财务报告问询函也可能向市场传递负面信息，特别是在公司未能及时回复或回函内容不详尽时，市场可能解读为公司存在财务问题，进而对公司价值产生负面影响（翟淑萍，2020b）。投资者和债权人可能会对公司未来的财务健康度和经营能力产生疑虑，从而提高公司的融资成本或减少投资规模，导致公司价值下降。同时，问询函的负向语调与公司价值显著负相关，而回函的及时性及可读性则与公司价值正相关。公司回函内容详尽、及时能够更好地缓解市场的负面预期，进而减弱问询函对公司价值的负面影响（邓祎璐等，2021）。

此外，年报问询函对不同类型的公司价值影响也存在差异。研究发现，在股权集中度较高、治理结构较弱的公司中，年报问询函对公司价值的负面影响更加显著。这是因为在这类公司中，管理层往往具有更大的决策权和信息优势，外部投资者对公司信息的依赖度较高，问询函所暴露的财务或治理问题会对公司价值产生更大的冲击（邓祎璐等，2021）。

基于此，本章分析了年报问询函对公司价值的影响。本章以2015—2018年我国A股上市公司为研究对象，从年报问询函这一非行政处罚性监管手段视角，探讨其对公司价值的影响机制。本章通过分析年报问询函制度对公司信息披露、管理行为及外部市场反应的综合作用，旨在揭示这一监管工具对公司长期发展和价值创造的潜在影响。

本章可能的贡献在于：第一，丰富了公司价值的影响因素研究。虽然已有大量文献关注公司内部治理和外部环境对公司价值的影响，但鲜有研究专门探讨非行政处罚性监管对公司价值的影响机制。本章通过研究年报问询函这一制度，拓展了外部监管对公司价值影响的研究领域。第二，拓展了年报问询函的经济后果研究。现有文献主要关注年报问询函对公司财务报告质量和股价波动的影响，而本章通过考察问询函对公司长期价值的影响，进一步揭示了年报问询函制度的实际经济后果。第三，本章为监管机构提供了政策建议。研究结果表明，年报问询函可以通过提升公司信息披露质量、降低信息不对称，进而提升公司治理水平，提高公司的长期价值。这为监管机构进一步完善问询函制度提供了实证依据，有助于促进资本市场的健康发展。通过探讨年报问询函制度对公司价值的影响，本章揭示了这一非行政处罚性监管工具在提升信息披露质量、改善公司治理、降低信息不对称方面的作用。研究发现，年报问询函虽然可能在短期内对公司价值产生负面影响，但从长期来看，能够通过提升信息透明度和改善治理结构，推动公司价值的提升。

7.2　研究假设

本书认为，年报问询函通过监督公司行为，缓解投资者和上市公司之间的信息不对称，来提高公司价值。具体表现为，年报询证函对超额现金持有、超额在职消费、股价同步性等公司行为的降低效果越明显，提升公司价值的作用越显著。

1. 年报问询函和公司行为

首先，年报问询函作为一种非行政处罚性监管工具，主要通过强化信息披露来约束公司管理层的行为，从而可能对超额现金持有产生重要影响。在第 4 章中，超额现金持有这一行为往往导致资金未能合理配置，进而影响公司的经营效率和财务表现。管理层通过持有更多现金，能够增强对公司资源和权力的控制，从而满足个人私利（Ditmar et al.，2003）。这些动机往往不被充分披露，增加了公司与外部投资者之间的信息不对称。年报问询函不仅有助于提高公司信息披露的准确性和可靠性，还可以促使公司管理层减少其不必要的现金持有行为（Opler et al.，1999）。此外，年报问询函还通过吸引媒体关注和增强投资者监督，进一步发挥约束管理层的作用。

其次，年报问询函提高公司信息披露的透明度，能够有效抑制管理层的机会主义行为，尤其是在限制超额在职消费方面具有显著效果。这是因为超额在职消费常常难以被外部投资者察觉，其不受既定契约约束，且在财务报告中存在少报、漏报现象（Chen et al.，2009）。管理层借助信息不对称，滥用在职消费以谋取个人利益，这不仅增加了公司的代理成本，也损害了股东权益。年报问询函通过要求公司对财务报告中关键问题进行补充披露，尤其是对在职消费的详细解释，能够迫使公司信息披露更透明，从而减少管理层隐藏超额在职消费的机会，有效遏制超额在职消费。

最后，在第6章中，年报问询函通过提高公司信息披露的质量和透明度来减少信息不对称，从而对股价同步性产生重要影响。年报问询函通过增加公司的公开信息披露，减少信息不对称，有助于降低股价同步性。年报问询函通常要求公司对财务报告中的重要信息进行补充披露，并对潜在的风险事项作出详细说明，这种信息披露的改进有助于投资者获取更多相关的公司特质信息，从而减少市场噪声信息对股价的影响（Dyck et al.，2008）。此外，问询函的公开披露吸引了媒体和公众的关注，增加了投资者根据公司自身特质信息进行交易的可能性，进一步降低了股价同步性（Liu and McConnell，2013）。

2. 公司行为与公司价值

第一，超额现金持有与公司价值之间的关系是公司财务管理领域的一个核心问题。过多的现金持有可能反映出公司资金利用效率低下，并且可能导致代理成本上升。已有大量研究揭示了这一现象背后的理论逻辑与实证结果（Opler et al.，1999；Ditmar et al.，2003）。代理理论认为，管理层倾向于持有更多的现金储备，以增强其自由裁量权。这不仅可以降低其对外部资本市场的依赖，减少市场对其行为的监督，还为其进行过度投资甚至"构建企业帝国"的个人目标提供了资金支持（Jensen，1986；Ditmar et al.，2003）。管理层对现金资源的滥用不仅可能导致公司效率下降，还会影响股东利益。在代理问题较为严重的公司中，股东对管理层的信任度较低，因此会对超额现金持有给予折价，认为这些现金并不能为公司创造更多价值，反而会带来更高的代理成本（Ditmar et al.，2003）。相反，在代理问题较轻的公司中，超额现金持有对公司价值的负面影响则较为有限，甚至可能在一定程度上支持公司的长期发展（Kusnadi，2005；Opler et al.，1999）。

实证研究表明，公司的超额现金持有与公司价值之间呈现出倒"U"形关系，即当公司持有的现金处于适度水平时，能够为公司提供运营和投资的灵活性，从而促进公司价值的提升。然而，当现金持有量过多时，由于代理问题的加剧，管理层可能滥用现金资源进行过度投资，进而导致公司价值下降（姜宝强和毕晓方，2006）。同时，融资约束的强弱、代理成本的高低也使公司的超额现金持有与公司价值呈现不同表现。弱融资约束公司容易滥用现金资源，而强融资约束公司则可能因为现金持有不足而错失投资机会，进而降低公司的整体价值（万小勇和顾乃康，2011）。在代理成本较高的公司中，超额现金持有与公司价值显著负相关；在代理成本较低的公司中，两者之间的负相关关系则较为微弱（姜宝强和毕晓方，2006；万小勇和顾乃康，2011）。

此外，Amess 等（2015）指出，过多的现金持有往往会降低公司的经营绩效，因为管理层可能将这些现金资源用于低效的投资项目，支持了管理机会主义假说。类似地，Pinkowitz 和 Williamson（2005）发现，现金持有量过大可能导致公司在资本市场上的融资效率下降，进而降低公司整体的市场价值。

总体而言，超额现金持有与公司价值之间的关系复杂且受到多种因素影响。代理成本、融资约束、信息不对称等因素共同作用，决定了现金持有对公司价值的正负影响。年报问询函通过提升公司信息披露的质量，减少信息不对称，可以降低公司的超额现金持有，进而促进公司价值的提升（Jensen，1986；Faulkender and Wang，2006）。

第二，超额在职消费的本质是公司管理层的权力寻租行为，属于委托代理问题的一部分。根据代理理论，管理层作为公司代理人，其利益与股东利益并不完全一致，因此容易利用职权谋取私利（Jensen and Meckling，1976）。研究表明，超额在职消费会增加公司的运营成本，降低治理效率，进而对公司价值造成负面影响（张月明和吴春雷，2014）。适度的在职消费可以激励高管，促进公司运营（黄玖立和李坤望，2014），但过度的在职消费会损害公司的经济基础，减少公司用于生产经营的资源，最终导致公司价值下降（李淑娴，2023）。代理成本的上升使管理层倾向于将公司资源从生产经营转向满足个人私利的领域，削弱了公司的长期竞争力。超额在职消费不仅会增加股东的损失，还会影响公司的持续发展能力。因此，抑制超额在职消费对提升公司价值具有重要作用。年报问询函通过提升公司信息披露的质量，减少信息不对称，可以降低公司的超额在职消费，进而促进公司价值的提升。

第三，股价同步性与公司价值之间的关系是资本市场中广泛研究的一个议题。运作良好的资本市场应当反映出公司的特有信息，而非仅反映市场或行业的整体趋势（Roll，1988）。当股价同步性较低时，股票价格更多地反映公司的特有信息，说明市场投资者能够从公司的公开信息中获得有价值的参考，这有利于资本的有效配置（Morck et al.，2000）。

公司价值与股价同步性之间的关系可能呈现出非线性特征。研究表明，在低公司价值的环境下，股票价格中的噪声交易比例较高，股价同步性较高，公司的特质信息较少被反映在股价中（West，1988）。低价值公司在资本市场上往往难以吸引理性投资者，其股价更易受到非理性噪声交易者的影响，导致股价同步性上升。此外，这类公司通常披露的信息质量较低，私人信息的比例较高，使股价无法准确反映公司特质信息（Gul et al.，2010）。相反，高价值公司更倾向于进行高质量的自愿信息披露，其股价更多反映公司的公开信息，股价同步性较低（Hutton et al.，2009）。随着公司价值的提升，公司公开信息的比例增加，资本市场的投资者能够更加准确地评估公司的特质信息，从而降低股价同步性（Durnev et al.，2004）。因此，公司价值越高，股价同步性越低，反映了市场对高价值公司的透明度和特质信息的认可。

综上所述，股价同步性与公司价值呈负相关关系。股价同步性越低，公司的特质信息越多地反映在股票价格中，说明公司具有较高的信息披露质量和透明度，从而有助于提升公司的市场价值。年报问询函通过降低股价同步性，进而促进公司价值的提升。

基于以上分析，本书认为年报问询函对超额现金持有、超额在职消费以及股价同步性的降低效果越明显，提升公司价值的作用越显著。

提出以下假设：

H8：年报问询函提升公司价值。

7.2.1　样本与数据来源

基于上海证券交易所和深圳证券交易所网站披露的年报问询函数据起始年份为 2015 年，本书选取 2015—2018 年的所有 A 股上市公司作为初始样本，并经过以下筛选：（1）剔除金融行业样本；（2）剔除数据缺失的样本。最终得到 11568 条观测值。本书的年报问询函数据来源于中国研究数据服务平台（CNRDS）数据库。其他数据来自国泰安（CSMAR）数据库和锐思（RESSET）数据库。为剔除异常值的影响，本书对所有连续变量进行了 1% 的缩尾处理。

7.2.2 回归模型和变量

为了验证本书的假设 H8，构建了模型（7 - 1）：

$$TobinQ_{i,t} = \beta_0 + \beta_1 Inquiry_{i,t} + \beta_2 TOP1_{i,t} + \beta_3 Age_{i,t} + \beta_4 Boardsize_{i,t}$$
$$+ \beta_5 Indir_{i,t} + \beta_6 Size_{i,t} + \beta_7 Leverage_{i,t}$$
$$+ \beta_8 Growth_{i,t} + \sum Year + \sum Industry + \varepsilon \qquad (7 - 1)$$

对模型（7 - 1）中各变量的解释如下：

（1）因变量：公司价值（*TobinQ*）

本书选取 *TobinQ* 值作为公司价值的代理变量。*TobinQ* 是公司股票市场价值与公司重置成本的比率。

（2）自变量：*Inquiry* 为年报问询函，表示公司是否收到年报问询函。参考陈运森等（2019）的研究，*Inquiry* 为虚拟变量，若公司当年收到年报问询函，则取值为 1，否则为 0。

（3）控制变量：本书控制了以下影响公司价值的变量，包括第一大股东持股比例（*TOP*1）、公司年龄（*Age*）、董事会规模（*Boardsize*）、独立董事比例（*Indir*）、公司规模（*Size*）、负债比率（*Leverage*）、公司成长性（*Growth*）。

7.3 实证分析

7.3.1 描述性统计

年报问询函与公司价值的描述性统计结果如表 7 - 1 所示。公司价值（*TobinQ*）的均值为 1.8955，标准差为 0.9724，说明在样本期间内不同公司之间公司价值差异较大。年报问询函（Inquiry）的均值为 0. 0855，说明在样本期间内，收到年报问询函的观测值约占样本总量的 8. 55%。

表 7 - 1　年报问询函与公司价值的描述性统计

变量	观测值	均值	标准差	最小值	25%	中位数	75%	最大值
TobinQ	11568	1. 8955	0. 9724	0. 9699	1. 2034	1. 5606	2. 2293	4. 7451
Inquiry	11568	0. 0855	0. 2796	0. 0000	0. 0000	0. 0000	0. 0000	1. 0000
TOP1	11568	0. 3397	0. 1462	0. 0872	0. 2250	0. 3195	0. 4359	0. 7319
Age	11568	2. 9019	0. 3010	2. 0794	2. 7081	2. 9444	3. 1355	3. 4340
Boardsize	11568	2. 2335	0. 1777	1. 7918	2. 0794	2. 3026	2. 3026	2. 7726
Indir	11568	0. 3769	0. 0542	0. 3333	0. 3333	0. 3636	0. 4286	0. 5714
Size	11568	22. 2320	1. 2933	19. 7557	21. 3224	22. 0945	22. 9812	25. 8882
Leverage	11568	0. 4230	0. 2084	0. 0602	0. 2559	0. 4100	0. 5727	0. 9178
Growth	11568	0. 4734	1. 3743	- 0. 7767	- 0. 0135	0. 1631	0. 4923	8. 4446

7.3.2　回归结果分析

表 7 - 2 报告了年报问询函与公司价值的回归结果。首先，在第（1）列中，只控制年度、行业时，年报问询函（Inquiry）的估计系数为 0. 2242，且在 1% 的显著性水平上显著。在第（2）列中，控制其他影响因素之后，年报问询函（Inquiry）的估计系数为 0. 1687，仍然在 1% 的显著性水平上显著，表明年报问询函显著提升公司价值。

表 7 - 2　年报问询函与公司价值的回归结果

$Y = TobinQ_t$	(1)	(2)
$Inquiry_t$	0. 2242 ***	0. 1687 ***
	(4. 65)	(4. 63)
$TOP1_t$		0. 0150
		(0. 18)
Age_t		0. 0986 **
		(2. 35)

续表

$Y = TobinQ_t$	(1)	(2)
$Boardsize_t$		0.0360
		(0.47)
$Indir_t$		0.6724 ***
		(2.71)
$Size_t$		−0.3401 ***
		(−22.32)
$Leverage_t$		−0.2246 ***
		(−2.67)
$Growth_t$		0.0050
		(0.73)
Con_t	2.4428 ***	9.3367 ***
	(21.29)	(25.03)
$Year$	Yes	Yes
$Industry$	Yes	Yes
N	11568	11568
Adj. R^2	0.154	0.348

7.4 本章小结

本章从年报问询函的视角出发，探讨了年报问询函对公司价值的影响机制。以 A 股上市公司为研究样本，考察了年报问询函通过缓解信息不对称，影响公司行为，进而提高公司价值的具体路径。本章分别从超额现金持有、超额在职消费、股价同步性等多个维度，分析了年报问询函在改善公司信息披露质量、降低代理成本、提升公司治理效率中的作用。实证研究表明，年报问询函在提升公司价值的过程中发挥了显著作用。

首先，年报问询函通过缓解信息不对称，显著降低了公司的超额现金持有，避免了管理层滥用资金的情况，提高了公司的资金使用效率。其次，年报问询函对超额在职消费的抑制效果同样显著，强化了外部监督，减少了管理层利用职权谋取私利的机会，改善了公司治理。再次，年报问询函能够降低股价同步性，使公司股价更多反映其特质信息，提高资本市场的效率。最后，年报问询函通过整体影响公司的财务行为，进一步提升了公司的市场表现和长期价值。

本章的研究结论具有以下启示：年报问询函作为一种非行政处罚性监管工具，能够有效改善公司信息披露，缓解信息不对称，进而提升公司价值。

第 8 章 结　　论

本章包括研究结论、研究启示和建议、研究局限与展望。首先，根据本书的研究内容系统性地总结了本书的研究结论，其次，根据研究结论提出了相关的研究启示和建议。最后，参考本书在研究中遇到的各种问题，结合现有的研究文献总结了本书的研究局限，并展望未来的研究方向。

8.1　研究结论

本书试图对年报问询函、公司行为与公司价值进行系统性分析。结合当前我国证券市场推进证券交易所一线监管，强化问询函式的监管的制度背景，使用证券交易所发出的年报问询函数据，首先，从公司内部超额现金持有、超额在职消费和公司外部股价同步性的视角考察年报问询函对公司行为的影响。其次，考察年报问询函对公司价值的影响，帮助投资者更准确地评估公司的真实价值。根据这些研究内容，本书得出了以下研究结论。

（1）年报问询函与超额现金持有。第一，年报问询函有利于降低预防性超额现金持有和代理性超额现金持有，最终降低公司的超额现金持有水平。其中，年报问询函降低预防性超额现金持有的逻辑在于：年报问询函有利于提高上市公司信息披露的数量、质量，降低信息不对称，从而缓解上市公司的融资约束，降低公司出于融资考虑的预防性现金持有。年报问询函降低代理性超额现金持有的逻辑在于：年报问询函有利于吸引媒体关注，提升上市公司的治理效率，缓解投资者和上市公司的信息不对称，强化投资者对管理层代理行为的监督，从而减少上市公司的代理问题，降低代理性超额现金持有。第二，管理层权力会影响年报问询函对超额现金持有的监管效果。若管理层权力更大，年报问询函对上市公司信息披露的监管更有可能受到管理层控制权和影响力的制约，从而削弱年报问询函对代理性超额现金持有的监管效果。第三，市场化程度会影响年报问询函对超额现金持有的监管效果。一方面，在市场化程度较高的地区，上市公司会更有动机遵循年报问询函的监管要求、增强信息披露以期通过缓解信息不对称来降低融资难度，从而减少公司的预防性超额现金持有；另一方面，在市场化程度较高的地区，年报问询函通过媒体等信息中介对上市公司管理层通过超额现金持有攫取个人私利的代理行为的监督作用更强，从而更能降低代理性超额现金持有。第四，年报问询函性质越严重（表现为包含的问题数量越多、需要审计师发表核查意见），年报问询函降低超额现金持有的幅度越大。最后，年报问询函通过降低信息不对称降低超额现金持有。

（2）年报问询函与超额在职消费。第一，年报问询函有助于缓解投资者和管理层之间的信息不对称，增强对管理层在职消费行为的监督，从而降低超额在职消费。第二，内部控制质量会强化年报问询函对超额在职消费的监管效果。当公司的内部控制更健全时，公司的资金、财产管理制度更有效，内外部沟通机制效率更高，内部监督机制运行更有效，更有利于上市公司执行年报问询函的监管要求，对在职消费情况进行补充核查和披露，完善内部监督，从而降低超额在职消费。第三，产权性质也会影响年报问询函的监管效果，相较于国有企业，年报问询函对超额在职消费的监管作用在非国有企业中更为显著。第四，年报问询函性质越严重，年报问询函降低超额在职消费的幅度越大。第五，年报问询函通过缓解信息不对称降低超额在职消费。

（3）年报问询函与股价同步性。第一，年报问询函通过缓解投资者和上市公司之间的信息不对称，增加投资者基于公司信息进行的股票交易，从而促进与股票价值相关的公司信息融入股票价格，降低股价同步性。第二，年报问询越严重，年报问询函降低股价同步性的幅度越大。第三，年报问询函通过缓解信息不对称降低股价同步性。

（4）年报问询函与公司价值。第一，年报问询函能够降低超额现金持有和超额在职消费，减少公司内部资源的浪费，这对提升公司运营效率和长期发展潜力具有重要作用。第二，年报问询函通过减少股价同步性，使股票价格能够更有效地反映公司的特质信息，提高资本市场对公司估值的准确性。第三，年报问询函在加强信息披露的同时，也通过改善公司治理结构，提高投资者对公司未来增长潜力评估的准确性。因此，年报问询函对公司价值具有显著的正面影响，进一步推动了公司价值最大化的实现。

8.2　研究启示和建议

研究发现，年报问询函能显著降低公司的超额现金持有、超额在职消费和股价同步性，提升公司价值。本书的研究结论对证券监管机构、上市公司、投资者和其他的利益相关者均具有重要的实践意义。

首先，对于证券监管机构而言，证券交易所投入了大量的人力、物力资源来对上市公司的财务年报进行审核并出具问询函，年报问询函监管的效果如何对证券交易所是否继续推行年报问询函的监管举措具有重要的参考意义。本书研究表明，年报问询函监管能够对上市公司内部的现金持有行为和在职消费行为、资本市场的股价同步性现象起到监管作用，显著提升公司价值，为证券交易所进一步实施年报问询函监管以降低公司的委托代理成本，提高资本市场的信息效率以及提升公司价值提供证据支持。本书的研究还表明，不同特征的年报问询函，信息含量存在差异，若年报问询函包含的问题数量越多以及需要中介机构发表核查意见，年报问询函对公司行为的监管强度越高、监管效果越好，对公司价值的提升作用越显著。这一研究结论为证券交易所进一步强化年报问询函的监管，提高年报问询函的信息含量提供了经验支持。

其次，对于上市公司和管理层而言，上市公司需要按照规定披露公司信息以满足证券监管机构的监管要求和其他利益相关者的利益需求，上市公司在收到年报问询函之后也需要及时作出回复。年报问询函能否提高上市公司的信息披露水平，能否对上市公司内部的财务行为和外部的股票市场发挥监管效果对上市公司的行为决策具有重要的参考价值。本书的研究表明，证券交易所问询函监管能对上市公司的超额现金持有和超额在职消费两类代理行为起到监管作用，不仅有利于提高股票市场的信息效率，引导股票市场资源的优化配置，还使资本市场更加有效地对公司进行定价，有助于公司真实价值的呈现和评估，提升了对公司长期价值的评估精度。这一结论为上市公司进一步按照证券交易所的监管要求，增强公司信息披露来降低公司的代理成本提供了证据支持。本书研究还表明，若公司的内部控制制度更有效、管理层权力更小，年报问询函对企业内部代理行为的监管作用更有效。这一研究结论为公司进一步通过优化内部控制制度、约束管理层权力等方式为证券监管发挥作用创造良好的公司环境提供了经验支撑。

再次，对于投资者而言，上市公司的财务年报是投资者进行价值判断、作出投资决策的重要参考，年报问询函能否传递增量信息、起到监管作用对于投资者而言是重要的。本书研究发现，年报问询函通过要求公司对其年报中关键问题进行补充披露和解释说明，增加了公司信息的透明度。这有利于提升上市公司信息披露的数量、质量，吸引媒体关注，不仅帮助投资者和分析师更好地了解公司的经营状况，还减少了信息不对称，提升了公司价值评估的可行性和准确性。对于投资者而言，准确的信息是进行公司价值评估的基础，年报问询函的发出促使公司披露更完整和详细的信息，进而增强了投资者对公司价值的评估能力。这一结论表明，投资者可以通过年报问询函和回函了解和掌握更多的公司信息，更好地作出投资决策。

最后，对于公司价值评估体系而言，通过对上市公司信息披露的监督和改善，年报问询函提升了资本市场整体的资源配置效率，使公司的市场价值与其实际经营状况更加一致。这种市场效率的提升，有助于投资者更加理性地评估公司的价值，减少了由信息不对称和市场噪声带来的评估误差。此外，年报问询函的实施进一步推动了公司价值评估体系的优化，为投资者和分析师提供了更准确的评估依据，使评估结果更具公正性和一致性。

8.3 研究局限与展望

本书对年报问询函、公司行为与公司价值进行了系统性分析，讨论了年报问询函对公司内部现金持有行为、在职消费行为和公司外部资本市场信息效率的治理效果以及对公司价值的影响，补充了现有的年报问询函的经济后果研究。但由于主观和客观原因的限制，本书的研究存在一定的局限性，主要从总体研究方法和具体研究问题两个维度总结。

总体研究方法方面，首先，年报问询函对公司行为的影响一方面体现在对收函公司的直接影响，另一方面体现在对未收函公司的间接影响（溢出效应）。本书主要考察了年报问询函监管对收函公司的直接影响，对未收函公司的间接影响关注有限，后续的研究可以进一步拓展这一问题，挖掘年报问询函的间接效应及其作用机制。其次，证券交易所发出的年报问询函并非随机，虽然研究中采用了固定效应模型、Heckman 两阶段模型、PSM + DID 模型检验进行了稳健性检验，但是本书的实证结果仍可能包含内生性的影响。最后，关于年报问询函的特征变量，本书仅考虑了问题个数及是否需要中介机构发表核查意见两个维度，后续可采用文本分析的方法，进一步挖掘问询函的特征。

　　具体研究问题层面，关于年报问询函与超额现金持有这一问题，本书参考已有的研究，采用公司的现金持有水平与行业现金持有水平的均值的差异来衡量超额现金持有水平，这一衡量方式可能有些粗糙，虽然行业平均水平是评价公司现金持有水平的重要参考，但考虑到公司的现金持有决策还受到许多其他公司层面的因素的影响，后续的研究可以进一步改进这一衡量方式。此外，关于年报问询函与股价同步性这一问题，股价同步性的解释有两种：一种是资本市场信息效率，另一种是噪声和投资者情绪。本书从信息效率的视角考察年报问询函如何通过降低信息不对称来降低股价同步性，并没有从噪声和投资者情绪的角度考察年报问询函对股价同步性的影响，存在一定的局限性，后续可以进行这方面的讨论。

参 考 文 献

［1］陈冬华，陈信元，万华林．国有企业中的薪酬管制与在职消费［J］．经济研究，2005，40（2）：92－101.

［2］陈冬华，梁上坤，蒋德权．不同市场化进程下高管激励契约的成本与选择：货币薪酬与在职消费［J］．会计研究，2010（11）：56－64.

［3］陈冬华，姚振晔．政府行为必然会提高股价同步性吗？——基于我国产业政策的实证研究［J］．经济研究，2018，53（12）：112－128.

［4］陈硕，张然，陈思．证券交易所年报问询函影响了审计收费吗？——基于沪深股市上市公司的经验证据［J］．经济经纬，2018，35（4）：158－164.

［5］陈信元，夏立军．司法独立性与投资者保护法律实施［J］．经济学（季刊），2009，9（1）：1－28.

［6］陈运森，邓祎璐，李哲．非处罚性监管具有信息含量吗？——基于问询函的证据［J］．金融研究，2018a（4）：155－171.

［7］陈运森，邓祎璐，李哲．非行政处罚性监管能改进审计质量吗？——基于财务报告问询函的证据［J］．审计研究，2018b（5）：82－88.

［8］陈运森，邓祎璐，李哲．证券交易所一线监管的有效性研究：基于财务报告问询函的证据［J］．管理世界，2019，35（3）：169－186.

［9］池国华，郭芮佳．控股股东股权质押会降低高管超额在职消费水

平吗？——基于中国上市公司的实证分析［J］．科学决策，2020（2）：1－23．

［10］褚剑，方军雄．政府审计能够抑制国有企业高管超额在职消费吗？［J］．会计研究，2016（9）：82－89．

［11］邓祎璐，李哲，陈运森．证券交易所一线监管与企业高管变更——基于问询函的证据［J］．管理评论，2020，32（4）：194－205．

［12］邓祎璐，陆晨，兰天琪，陈运森．非处罚性监管与企业风险承担——基于财务报告问询函的证据［J］．财经研究，2021，47（8）：123－138．

［13］翟胜宝，徐亚琴，杨德明．媒体能监督国有企业高管在职消费么？［J］．会计研究，2015（5）：57－63．

［14］翟淑萍，王敏，张晓琳．财务问询函对审计联结公司的监管溢出效应——来自年报可读性的经验证据［J］．审计与经济研究，2020a（5）：18－30．

［15］翟淑萍，王敏，白梦诗．财务问询函能够提高年报可读性吗？——来自董事联结上市公司的经验证据［J］．外国经济与管理，2020b，42（9）：137－153．

［16］翟淑萍，王敏，韩贤．交易所财务问询监管与会计信息可比性——直接影响与溢出效应［J］．当代财经，2020c（10）：124－137．

［17］丁龙飞，谢获宝．年报问询函的监管溢出效应研究——来自企业集团A股上市子公司的证据［J］．南方经济，2020（8）：98－113．

［18］樊纲，王小鲁，张立文，朱恒鹏．中国各地区市场化相对进程报告［J］．经济研究，2003（3）：9－18．

［19］樊纲，王小鲁，朱恒鹏．中国市场化指数——各省区市场化相对进程2011年度报告［M］．北京：经济科学出版社，2011．

［20］冯用富，董艳，袁泽波，杨仁眉．基于R^2的中国股市私有信息套

利分析 [J]. 经济研究, 2009, 44 (8): 50-59.

[21] 耿云江, 王明晓. 超额在职消费, 货币薪酬业绩敏感性与媒体监督——基于中国上市公司的经验证据 [J]. 会计研究, 2016 (9): 55-61.

[22] 顾娟, 刘建洲. 信息不对称与股票价格变动 [J]. 经济研究, 2004, 39 (2): 106-114.

[23] 郝颖, 谢光华, 石锐. 外部监管, 在职消费与企业绩效 [J]. 会计研究, 2018 (8): 42-48.

[24] 胡军, 王甄. 微博、特质性信息披露与股价同步性 [J]. 金融研究, 2015 (11): 190-206.

[25] 胡宁, 曹雅楠, 周楠, 薛爽. 监管信息披露与债权人定价决策——基于沪深交易所年报问询函的证据 [J]. 会计研究, 2020, 389 (3): 56-67.

[26] 黄玖立, 李坤望. 吃喝、腐败与企业订单 [J]. 经济研究, 2013, 48 (6): 71-84.

[27] 黄俊, 郭照蕊. 新闻媒体报道与资本市场定价效率——基于股价同步性的分析 [J]. 管理世界, 2014 (5): 121-130.

[28] 姜宝强, 毕晓方. 超额现金持有与企业价值的关系探析——基于代理成本的视角 [J]. 经济与管理研究, 2006 (12): 49-55.

[29] 李常青, 幸伟, 李茂良. 控股股东股权质押与现金持有水平:"掏空"还是"规避控制权转移风险"? [J]. 财贸经济, 2018, 39 (4): 82-98.

[30] 李琳, 张敦力, 夏鹏. 年报监管、内部人减持与市场反应——基于深交所年报问询函的研究 [J]. 当代财经, 2017 (12): 108-119.

[31] 李培功, 沈艺峰. 媒体的公司治理作用: 中国的经验证据 [J]. 经济研究, 2010, 45 (4): 14-27.

［32］李淑娴．高管超额在职消费、内部控制与企业价值［J］．财务管理研究，2023（11）：84 - 89.

［33］李晓溪，饶品贵，岳衡．年报问询函与管理层业绩预告［J］．管理世界，2019a，35（8）：173 - 192.

［34］李晓溪，杨国超，饶品贵．交易所问询函有监管作用吗？——基于并购重组报告书的文本分析［J］．经济研究，2019b（5）：181 - 198.

［35］李艳丽，孙剑非，伊志宏．公司异质性，在职消费与机构投资者治理［J］．财经研究，2012，38（6）：27 - 37.

［36］李远慧．问询函是否得到了债权人的充分关注［J］．会计之友，2022（11）：2 - 9.

［37］李增泉．所有权结构与股票价格的同步性——来自中国股票市场的证据［J］．中国会计与财务研究，2005，7（3）：57 - 79.

［38］连玉君，刘醒云，苏治．现金持有的行业特征：差异性与收敛性［J］．会计研究，2011（7）：66 - 72.

［39］梁上坤．媒体关注、信息环境与公司费用粘性［J］．中国工业经济，2017（2）：154 - 173.

［40］廖歆欣，刘运国．企业避税，信息不对称与管理层在职消费［J］．南开管理评论，2016（2）：87 - 99.

［41］刘飞，杜建华．股票卖空压力能否抑制高管的在职消费？——基于中国融资融券的自然实验证据［J］．管理评论，2020，32（1）：40 - 55.

［42］刘浩，许楠，时淑慧．内部控制的“双刃剑”作用——基于预算执行与预算松弛的研究［J］．管理世界，2015（12）：130 - 145.

［43］刘宇尧，陆家骝．融资约束，财务松弛与股价信息含量［J］．管理科学，2019，31（5）：147 - 160.

［44］卢锐，魏明海，黎文靖．管理层权力，在职消费与产权效率——来自中国上市公司的证据［J］．南开管理评论，2008（5）：85 - 92.

［45］逯东，付鹏，杨丹．媒体类型、媒体关注与上市公司内部控制质量［J］．会计研究，2015（4）：78－85．

［46］路博．高管特征对上市公司经营绩效的影响效应［J］．商业研究，2022（2）：133－141．

［47］罗进辉，蔡地．媒体报道能够提高股价的信息含量吗？［J］．投资研究，2013，32（5）：38－53．

［48］罗进辉，李小荣，向元高．媒体报道与公司的超额现金持有水平［J］．管理科学学报，2018，21（7）：91－112．

［49］牟韶红，李启航，陈汉文．内部控制，产权性质与超额在职消费——基于2007—2014年非金融上市公司的经验研究［J］．审计研究，2016（4）：90－98．

［50］聂萍，潘再珍．问询函监管与大股东"掏空"——来自沪深交易所年报问询的证据［J］．审计与经济研究，2019（3）：91－103．

［51］彭雯，张立民，钟凯，黎来芳．监管问询的有效性研究：基于审计师行为视角分析［J］．管理科学，2019，32（4）：17－30．

［52］权小锋，吴世农，文芳．管理层权力、私有收益与薪酬操纵［J］．经济研究，2010，45（11）：73－87．

［53］宋增基，冯莉茗，谭兴民．国有股权，民营企业家参政与企业融资便利性——来自中国民营控股上市公司的经验证据［J］．金融研究，2014（12）：133－147．

［54］陶雄华，曹松威．我国证券交易所问询函的公告效应分析［J］．统计与决策，2018，34（23）：167－170．

［55］万小勇，顾乃康．现金持有、融资约束与企业价值——基于门槛回归模型的实证检验［J］．商业经济与管理，2011（2）：71－77．

［56］王曾，符国群，黄丹阳，汪剑锋．国有企业CEO"政治晋升"与"在职消费"关系研究［J］．管理世界，2014（5）：157－171．

［57］王化成，高鹏，张修平．企业战略影响超额在职消费吗？［J］．会计研究，2019（3）：40－46.

［58］王木之，李丹．新审计报告和股价同步性［J］．会计研究，2019（1）：86－92.

［59］王亚平，刘慧龙，吴联生．信息透明度、机构投资者与股价同步性［J］．金融研究，2009（12）：162－174.

［60］王彦超，王语嫣．债权人诉讼是如何影响企业现金持有行为的？［J］．会计研究，2018（7）：35－42.

［61］吴丹．财务报告问询函对公司现金持有的影响研究［J］．投资研究，2023，42（1）：138－160.

［62］许年行，江轩宇，伊志宏，袁清波．政治关联影响投资者法律保护的执法效率吗？［J］．经济学（季刊），2013，12（2）：373－405.

［63］薛健，汝毅，窦超．"惩一"能否"儆百"？——曝光机制对高管超额在职消费的威慑效应探究［J］．会计研究，2017（5）：68－74.

［64］杨德明，赵璨．媒体监督，媒体治理与高管薪酬［J］．经济研究，2012（5）：116－126.

［65］杨星，田高良，司毅．所有权性质，企业政治关联与定向增发——基于我国上市公司的实证分析［J］．南开管理评论，2016（1）：134－141.

［66］杨兴全，齐云飞，吴昊旻．行业成长性影响公司现金持有吗？［J］．管理世界，2016（1）：53－169.

［67］杨兴全，尹兴强．国企混改如何影响公司现金持有？［J］．管理世界，2018，34（11）：93－107.

［68］杨兴全，张丽平，吴昊旻．市场化进程、管理层权力与公司现金持有［J］．南开管理评论，2014，17（2）：34－45.

［69］杨玉龙，吴文，高永靖，张倩男．新闻媒体、资讯特征与资本市

场信息效率［J］. 财经研究, 2018, 44（6）: 109 – 125.

［70］耀友福, 林恺. 年报问询函影响关键审计事项判断吗?［J］. 审计研究, 2020（4）: 90 – 101.

［71］耀友福, 薛爽. 年报问询压力与内部控制意见购买［J］. 会计研究, 2020（5）: 147 – 165.

［72］叶陈刚, 裘丽, 张立娟. 公司治理结构、内部控制质量与企业财务绩效［J］. 审计研究, 2016（2）: 104 – 112.

［73］伊志宏, 李艳丽. 机构投资者的公司治理角色: 一个文献综述［J］. 管理评论, 2013（5）: 62 – 73.

［74］伊志宏, 申丹琳, 江轩宇. 基金股权关联分析师损害了股票市场信息效率吗——基于股价同步性的经验证据［J］. 管理评论, 2018, 30（8）: 3 – 15.

［75］伊志宏, 杨圣之, 陈钦源. 分析师能降低股价同步性吗——基于研究报告文本分析的实证研究［J］. 中国工业经济, 2019（1）: 156 – 173.

［76］于忠泊, 田高良, 齐保垒, 张皓. 媒体关注的公司治理机制——基于盈余管理视角的考察［J］. 管理世界, 2011（9）: 127 – 140.

［77］余靖雯, 郭凯明, 龚六堂. 宏观政策不确定性与企业现金持有［J］. 经济学（季刊）, 2019, 18（3）: 987 – 1010.

［78］余明桂, 卞诗卉. 高质量的内部控制能否减少监管问询? ——来自交易所年报问询函的证据［J］. 中南大学学报（社会科学版）, 2020, 26（1）: 22 – 31.

［79］袁淳, 刘思淼, 陈玥. 大股东控制、多元化经营与现金持有价值［J］. 中国工业经济, 2010（4）: 141 – 150.

［80］袁媛, 田高良, 廖明情. 投资者保护环境、会计信息可比性与股价信息含量［J］. 管理评论, 2019, 31（1）: 206 – 220.

［81］袁振超，岳衡，谈文峰．代理成本，所有权性质与业绩预告精确度［J］．南开管理评论，2014（3）：49-61．

［82］张斌，王跃堂．业务复杂度、独立董事行业专长与股价同步性［J］．会计研究，2014（7）：36-42．

［83］张会丽，吴有红．超额现金持有水平与产品市场竞争优势［J］．金融研究，2012（2）：183-195．

［84］张会丽，吴有红．内部控制、现金持有及经济后果［J］．会计研究，2014（3）：71-96．

［85］张俊生，汤晓建，李广众．预防性监管能够抑制股价崩盘风险吗？——基于交易所年报问询函的研究［J］．管理科学学报，2018，21（10）：112-126．

［86］张铁铸，沙曼．管理层能力，权力与在职消费研究［J］．南开管理评论，2014（5）：63-72．

［87］张维迎．博弈论与信息经济学［M］．上海：上海人民出版社，2004．

［88］张月明，吴春雷．企业高管在职消费、超额在职消费与企业价值——"代理观"与"效率观"的理论协调及其实证检验［J］．广东财经大学学报，2014，29（5）：89-97．

［89］郑宝红，曹丹婷．税收规避能影响企业现金持有价值吗？［J］．中国软科学，2018（3）：120-132．

［90］郑培培，陈少华．管理者过度自信、内部控制与企业现金持有［J］．管理科学，2018，31（4）：3-16．

［91］钟覃琳，陆正飞．资本市场开放能提高股价信息含量吗？——基于"沪港通"效应的实证检验［J］．管理世界，2018，34（1）：169-179．

［92］周黎安，陶婧．政府规模，市场化与地区腐败问题研究［J］．经济研究，2009，44（1）：57-69．

［93］朱红军，何贤杰，陶林．中国的证券分析师能够提高资本市场的效率吗？——基于股价同步性和股价信息含量的经验证据［J］．金融研究，2007（2）：110－121.

［94］Acito, A. A., Burks, J. J., Johnson, W. B. The Materiality of Accounting Errors: Evidence from SEC Comment Letters［J］. Contemporary Accounting Research, 2019, 36（2）：839－868.

［95］Amess, K., Banerji, S., Lampousis, A. Corporate Cash Holdings: Causes and Consequences［J］. International Review of Financial Analysis, 2015, 42：421－433.

［96］Anderson, D. M. Taking Stock in China: Company Disclosure and Information in China's Stock Markets［J］. Georgetown Law Journal, 2000, 88（6）：1919－1952.

［97］Andrews, A., Linn, S., Yi, H. Corporate Governance and Executive Perquisites［J］. Review of Accounting and Finance, 2017, 16（1）：1475－7702.

［98］Armstrong, C. S., Guay, W. R., Weber, J. P. The Role of Information and Financial Reporting in Corporate Governance and Debt Contracting［J］. Journal of Accounting and Economics, 2010, 50（2）：179－234.

［99］Barberis, N., Shleifer, A., Wurgler, J. Comovement［J］. Journal of Financial Economics, 2005, 75（2）：283－317.

［100］Bates, T. W., Kahle, K. M., Stulz, R. M. Why Do U. S. Firms Hold So Much More Cash Than They Used to?［J］. The Journal of Finance, 2009, 64（5）：1985－2021.

［101］Baudot, L., Demek, K. C., Huang, Z. The Accounting Profession's Engagement with Accounting Standards: Conceptualizing Accounting Complexity through Big4 Comment Letters［J］. Auditing: A Journal of Practice and Theory, 2018, 37（2）: 175 – 196.

［102］Baugh, M. , Kim, K. , Lee, K. The Effect of SEC Reviewers on Comment Letters and Financial Reporting Quality［R］. Working Paper, 2017.

［103］Berle, A. A. , Means, G. G. C. The Modern Corporation and Private Property［M］. Transaction publishers, 1991.

［104］Bozanic, Z. , Dietrich, J. R. , Johnson, B. A. SEC Comment Letters and Firm Disclosure［J］. Journal of Accounting and Public Policy, 2017, 36（5）: 337 – 357.

［105］Brandt, L. , Li, H. Bank Discrimination in Transition Economies: Ideology, Information, or Incentives?［J］. Journal of Comparative Economics, 2003, 31（3）: 387 – 413.

［106］Brown, S. V. , Tian, X. S. , Tucker, J. W. The Spillover Effect of SEC Comment Letters on Qualitative Corporate Disclosure: Evidence from the Risk Factor Disclosure［J］. Contemporary Accounting Research, 2018, 35（2）: 622 – 656.

［107］Campbell, J. Y. , Lettau, M. Dispersion and Volatility in Stock Returns: An Empirical Investigation［R］. NBER Working Papers, 1999.

［108］Cassell, C. A. , Cunningham, L. M. , Myers, L. A. Reviewing the SEC's Review Process: 10 – K Comment Letters and the Cost of Remediation［J］. The Accounting Review, 2013, 88（6）: 1875 – 908.

［109］Chen, D. , Li, O. Z. , Liang, S. Do Managers Perform for Perks?［J］. Social Science Electronic Publishing, 2009.

［110］Chen, H. W. , Yang, D. G. , Zhang, J. H. , Zhou, H. Y. Internal Controls, Risk Management, and Cash Holdings［J］. Journal of Corporate Finance, 2020, 64: 1 – 20.

［111］Chen, R. R. , Guedhami, O. , Yang, Y. , Zaynutdinova, G. R.

Corporate Governance and Cash Holdings: Evidence from Worldwide Board Reforms [J] . Journal of Corporate Finance, 2020, 65: 1 – 25.

[112] Chen, R. , Johnston, R. The Effect of Regulator Oversight on Firms' Information Environment: Securities and Exchange Commission Comment Letters [R] . Working Paper, 2010.

[113] Chen, Y. R. , Ho, K. Y. , Yeh, C. W. CEO Overconfidence and Corporate Cash Holdings [J] . Journal of Corporate Finance, 2020, 62: 1 – 26.

[114] Chudson, W. A. Cash, Marketable Securities, and Receivables [M] //Walter A. Chudson. The Pattern of Corporate Financial Structure: A Cross – Section View of Manufacturing, Mining, Trade and Construction. NBER, 1945: 34 – 45.

[115] Chung, K. H. , Kim, J. C. , Kim, Y. S. , Zhang, H. D. Information Asymmetry and Corporate Cash Holdings [J] . Journal of Business Finance and Accounting, 2015, 42 (9): 1341 – 1377.

[116] Coase, R. H. Law and Economics at Chicago [J] . The Journal of Law and Economics, 1993, 36 (1): 239 – 256.

[117] Cooper, D. J. , Robson, K. Accounting, Professions and Regulation: Locating the Sites of Professionalism [J] . Accounting, Organizations and Society, 2006, 31 (4): 415 – 444.

[118] Cunha, I. , Pollet, J. Why Do Firms Hold Cash? Evidence from Demographic Demand Shifts [J] . The Review of Financial Studies, 2020, 33 (9): 4102 – 4138.

[119] Cunningham, L. M. , Johnson, B. A. , Johnson, E. S. , Ling, L. L. The Switch – Up: an Examination of Changes in Earnings Management after Receiving SEC Comment Letters [J] . Contemporary Accounting Research,

2020, 33 (9): 4102 – 4138.

[120] Dechow, P. M., Dichev, I. D. The Quality of Accruals and Earn-ings: the Role of Accrual Estimation Errors [J]. The Accounting Review, 2002, 77 (4): 35 – 59.

[121] Dechow, P. M., Lawrence, A., Ryans, J. SEC Comment Letters and Insider Sales [J]. The Accounting Review, 2016, 91 (2): 401 – 439.

[122] Defond, M. L., Hung, M. Investor Protection and Corporate Gov-ernance: Evidence from Worldwide CEO Turnover [J]. Journal of Accounting Research, 2004, 42 (2): 269 – 312.

[123] Defond, M. L., Jiambalvo, J. Incidence and Circumstances of Ac-counting Errors [J]. The Accounting Review, 1991, 17 (3): 643 – 655.

[124] Dittmar, A., Mahrt – Smith, J., Servaes, H. International Corpo-rate Governance and Corporate Cash Holdings [J]. Journal of Financial and Quantitative analysis, 2003, 38 (1): 111 – 133.

[125] Doyle, J. T., Ge, W., McVay, S. Accruals Quality and Internal Control Over Financial Reporting [J]. The Accounting Review, 2007, 82 (5): 1141 – 1170.

[126] Duong, H. N., Nguyen, J. H., Nguyen, M., Rhee, S. G. Navi-gating through Economic Policy Uncertainty: the Role of Corporate Cash Holdings [J]. Journal of corporate finance, 2020, 62: 1 – 22.

[127] Durnev, A., Morck, R., Yeung, B., Zarowin P. Does Greater Firm – Specific Return Variation Mean More Or Less Informed Stock Pricing? [J]. Journal of Accounting Research, 2003, 41 (5): 797 – 836.

[128] Durocher, S., Fortin, A., Cote, L. Users' Participation in the Accounting Standard Setting Process: A Theory – Building Study [J]. Ac-counting, Organizations and Society, 2007, 32 (1 – 2): 29 – 59.

［129］Dyck, A., Volchkova, N., Zingales, L. The Corporate Governance Role of the Media: Evidence from Russia ［J］. The Journal of Finance, 2008, 63 (3): 1093 – 1135.

［130］Edwards, A., Klassen, K. J., Pinto, K. Investor Response to Tax Related SEC Comment Letters ［J］. Social Science Electronic Publishing, 2018.

［131］Ertimur, Y., Nondorf, M. IPO Firms and the SEC Comment Letter Process ［R］. Working Paper, 2006.

［132］Ettredge, M., Johnstone, K., Stone M., Wang Q. The Effects of Firm Size, Corporate Governance Quality, and Bad News on Disclosure Compliance ［J］. Review of accounting studies, 2011, 16 (4): 866 – 889.

［133］Fama, E. F. Agency Problems and the Theory of the Firm ［J］. Journal of Political Economy, 1980, 88 (2): 288 – 307.

［134］Fama, E. F., Jensen, M. C. Agency Problems and Residual Claims ［J］. Journal of Law and Economics, 1983, 26 (2): 327 – 349.

［135］Faulkender, M., Wang, R. Corporate Financial Policy and the Value of Cash ［J］. The Journal of Finance, 2006, 61 (4): 1957 – 1990.

［136］Finkelstein, S. Power in Top Management Teams: Dimensions, Measurement, and Validation ［J］. Academy of Management Journal, 1992, 35 (3): 505 – 538.

［137］Gao, H., Harford, J., Li, K. Determinants of Corporate Cash Policy: Insights from Private Firms ［J］. Journal of Financial Economics, 2013, 109 (3): 623 – 639.

［138］Georgiou, G. Investigating Corporate Management Lobbying in the U. K. Accounting Standard – Setting Process: A Multi – Issue/Multi – Period Approach ［J］. Abacus, 2005, 41 (3): 323 – 347.

［139］Gietzmann, M. B. , Isidro, H. Institutional Investors' Reaction to SEC Concerns about IFRS and US GAAP Reporting ［J］. Journal of Business Finance and Accounting, 2013, 40 (7 – 8): 796 – 841.

［140］Gietzmann, M. B. , Pettinicchio, A. K. External Auditor Reassessment of Client Business Risk Following the Issuance of A Comment Letter by the SEC ［J］. European Accounting Review, 2014, 23 (1): 57 – 85.

［141］Gietzmann, M. , Marra, A. , Pettinicchio, A. Comment Letter Frequency and CFO Turnover: A Dynamic Survival Analysis ［J］. Journal of Accounting, Auditing and Finance, 2016, 31 (1): 79 – 99.

［142］Grinstein, Y. , Weinbaum, D. , Yehuda, N. The Economic Consequences of Perk Disclosure ［J］. Contemporary Accounting Research, 2017, 34 (4): 1812 – 1842.

［143］Gu, T. U. S. Multinationals and Cash Holdings ［J］. Journal of Financial Economics, 2017, 125 (2): 344 – 368.

［144］Harford, J. , Mansi, S. A. , Maxwell, W. F. Corporate Governance and Firm Cash Holdings in the U. S. ［J］. Journal of Financial Economics, 2008, 87 (3): 535 – 555.

［145］Hart, O. Financial Contracting ［J］. Journal of Economic Literature, 2001, 39 (4): 1070 – 1100.

［146］Heese, J. , Khan, M. , Ramanna, K. Is the SEC Captured? Evidence from Comment – Letter Reviews ［J］. Journal of Accounting and Economics, 2017, 64 (1): 98 – 122.

［147］Holder, A. D. , Karim, K. E. , Lin, K. J. , Woods, M. A Content Analysis of the Comment Letters to the FASB and IASB: Accounting for Contingencies ［J］. Advances in Accounting, 2013, 29 (1): 134 – 153.

［148］Hou, C. , Liu, H. Foreign Residency Rights and Corporate Cash

Holdings [J]. Journal of Corporate Finance, 2020, 64: 1 - 24.

[149] Huang, Z. , Xu, X. Marketability, Control, and the Pricing of Block Shares [J]. Journal of Banking and Finance, 2009, 33 (1): 88 - 97.

[150] Hutton, A. P. , Marcus, A. J. , Tehranian, H. Opaque Financial Reports, R - Square, and Crash Risk [J]. Journal of Financial Economics, 2009, 94 (1): 67 - 86.

[151] Indjejikian, R. , Matejka, M. CFO Fiduciary Responsibilities and Annual Bonus Incentives [J]. Journal of Accounting Research, 2009, 47 (4): 1061 - 1093.

[152] Jensen, M. C. Agency Cost of Free Cash Flow, Corporate Finance, and Takeovers [J]. American Economic Review, 1986, 76 (2): 323 - 329.

[153] Jensen, M. C. , Meckling, W. H. Agency Costs and the Theory of the Firm [J]. Journal of Financial Economics, 1976, 3 (4): 305 - 360.

[154] Jin, L. , Myers, S. R^2 around the World: New Theory and New Tests [J]. Journal of Financial Economics, 2006, 79 (2): 257 - 292.

[155] John, T. A. Accounting Measures of Corporate Liquidity, Leverage, and Costs of Financial Distress [J]. Financial Management, 1993, 22 (3): 91 - 100.

[156] Johnston, D. , Jones, D. A. How Does Accounting Fit into A Firm's Political Strategy? [J]. Journal of Accounting and Public Policy, 2006, 25 (2): 195 - 228.

[157] Johnston, R. , Petacchi, R. Regulatory Oversight of Financial Reporting: Securities and Exchange Commission Comment Letters [J]. Contemporary Accounting Research, 2017, 34 (2): 1128 - 1155.

[158] Karpuz, A. , Kim, K. , Ozkan, N. Employment Protection Laws and Corporate Cash Holdings [J]. Journal of Banking and Finance, 2020,

111: 1 – 19.

［159］ Kennedy, P. A Guide to Econometrics ［M］. The MIT Press, 1998.

［160］ Kubick, T. R., Omer, T. C., Lynch, D. P., Mayberry, M. P. The Effects of Regulatory Scrutiny on Tax Avoidance: An Examination of SEC Comment Letters ［J］. The Accounting Review, 2016, 91 (6): 1751 – 1780.

［161］ Li, B., Liu, Z. The Oversight Role of Regulators: Evidence from SEC Comment Letters in the IPO Process ［J］. Review of Accounting Studies, 2017, 22 (3): 1229 – 1260.

［162］ Li, X. F., Luo, Di. Investor Sentiment, Limited Arbitrage, and the Cash Holding Effect ［J］. Review of Finance, 2016, 21 (6): 1 – 28.

［163］ Linthicum, C. L., McLelland, A. J., Schuldt, M. A. An Analysis of SEC Comment Letters and IFRS ［J］. Journal of Financial Reporting and Accounting, 2017, 15 (2): 1 – 25.

［164］ Liu, B. X., McConnell, J. J. The Role of the Media in Corporate Governance: Do the Media Influence Managers' Decisions to Abandon Acquisition Attempts? ［J］. Journal of Financial Economics, 2013, 110 (1): 1 – 17.

［165］ Liu, Y., Moffitt, K. C. Text Mining to Uncover the Intensity of SEC Comment Letters and Its Association with the Probability of 10 – K Restatement ［J］. Journal of Emerging Technologies in Accounting, 2016, 13 (1): 85 – 94.

［166］ Luo, W., Zhang, Y., Zhu, N. Bank Ownership and Executive Perquisites: New Evidence from An Emerging Market ［J］. Journal of Corporate Finance, 2011, 17 (2): 352 – 370.

［167］ Miller, G. S. The Press as A Watchdog for Accounting Fraud ［J］. Journal of Accounting Research, 2006, 44 (5): 1001 – 1033.

［168］Miller, M. H. , Orr, D. A. Model of the Demand for Money by Firms ［J］. The Quarterly Journal of Economics, 1966, 80 （3）: 413 –435.

［169］Morck, R. , Yu, W. , Yeung, B. Y. The Information Content of Stock Markets: Why Do Emerging Markets Have Synchronous Stock Price Movements? ［J］. Journal of Financial Economics, 2000, 58 （1）: 215 –260.

［170］Mun, S. , Han, S. H. , Seo, D. The Impact of CEO Educational Background on Corporate Cash Holdings and Value Of Excess Cash ［J］. Pacific – Basin Finance Journal, 2020, 61: 1 –39.

［171］Opler, T. , Pinkowitz, L. , Stulz, R. , Williamson R. The Determinants and Implications of Corporate Cash Holdings ［J］. Journal of Financial Economics, 1999, 52 （1）: 3 –46.

［172］Pan, A. , Xu, L. , Li, B. , Ling R. The Impact of Supply Chain Finance on Firm Cash Holdings: Evidence from China ［J］. Pacific – Basin Finance Journal, 2020, 63: 1 –19.

［173］Peterson, S. , Berle, A. A. , Means, G. C. The Modern Corporation and Private Property ［J］. Journal of the American Statistical Association, 1933, 28 （4）: 477 –491.

［174］Pinkowitz, L. , Stulz, R. , Williamson, R. Does the Contribution of Corporate Cash Holdings and Dividends to Firm Value Depend on Governance? A Cross-country Analysis ［J］. Journal of Finance, 2006, 61 （6）: 2725 –2751.

［175］Rajan, R. G. , Wulf, J. Are Perks Purely Managerial Excess? ［J］. Journal of Financial Economics, 2006, 79 （1）: 1 –33.

［176］Robinson, J. R. , Xue, Y. , Yu, Y. Determinants of Disclosure Noncompliance and the Effect of the SEC Review: Evidence from the 2006 Mandated Compensation Disclosure Regulations ［J］. The Accounting Review, 2011, 86 （4）: 1415 –1444.

［177］ Roll R. R-Squared ［J］. Journal of Finance, 1988, 43 （7）: 541 – 566.

［178］ Ryans, J. P. Textual Classification of SEC Comment Letters ［J］. Review of Accounting Studies, 2020, 15 （3）: 1 – 44.

［179］ Schuldt, M., Vega, J. B. An Examination of SEC Revenue Recognition Comments and IPO Earnings Management ［J］. Accounting Research Journal, 2018, 31 （3）: 371 – 387.

［180］ Srinivasan, S. Consequences of Financial Reporting Failure for Outside Directors: Evidence from Accounting Restatements and Audit Committee Members ［J］. Journal of Accounting Research, 2005, 43 （2）: 291 – 334.

［181］ Walker, R. G., Robinson, P. A Critical Assessment of the Literature on Political Activity and Accounting Regulation ［J］. Research in Accounting Regulation, 1993, 7 （5）: 3 – 40.

［182］ West, K. D. Bubbles, Fads and Stock Price Volatility Tests: A Partial Evaluation ［J］. The Journal of Finance, 1988, 43 （3）: 639 – 656.

［183］ Wurgler, J. Financial Markets and the Allocation of Capital ［J］. Journal of Financial Economics, 2000, 58 （1）: 187 – 214.

［184］ Yen, A. C., Hirst, D. E., Hopkins, P. E. A Content Analysis of the Comprehensive Income Exposure Draft Comment Letters ［J］. Research in Accounting Regulation, 2007, 19 （6）: 53 – 79.

［185］ Yermack, D. Flights of Fancy: Corporate Jets, CEO Perquisites, and Inferior Shareholder Returns ［J］. Journal of Financial Economics, 2006, 80 （1）: 211 – 242.